Kochen und heilen mit Honig

Zum Buch:

Schon im alten Ägypten war Honig ein Grundbestandteil verschiedenster Heilmittel. Unvermischt diente er zum Beispiel als Mittel gegen Vergiftungen, wie etwa bei einem Schlangenbiß. Auch als Schönheitsmittel war er im antiken Griechenland bereits bekannt. In der Kosmetik wie auch in der Medizin und der Ernährung ist der Honig auch heute noch von unschätzbarem Wert. Ilse Sibylle Dörner hat deshalb hier viele Rezepte zur Anwendung von Honig in der Küche und zur Schönheitspflege zusammengetragen.

Zur Autorin:

Ilse Sibylle Dörner ist freie Journalistin und Autorin mehrerer Kochbücher. Bei Econ & List ist von ihr außerdem der Titel lieferbar: *Das grüne Kochbuch* (TB 20026).

Ilse Sibylle Dörner

Kochen und heilen mit **Honig**

Über 500 Rezepte für Gesundheit, Schönheit und kulinarischen Genuß

Econ & List Taschenbuch Verlag

Veröffentlicht im Econ & List Taschenbuch Verlag

Der Econ & List Taschenbuch Verlag
ist ein Unternehmen der Econ & List Verlagsgesellschaft, München

Originalausgabe
10. überarbeitete Auflage 1998

Umschlagkonzept: Büro Meyer & Schmidt, München – Jorge Schmidt
Titelkonzept und Umschlaggestaltung: Petra Soeltzer, Düsseldorf
Titelabbildung: © allOver/Udo Kröner

Druck und Bindearbeiten: Ebner Ulm
Printed in Germany
ISBN 3-612-20638-9

Gewidmet meiner Großmutter Anna Barbara Gothe

* 1. 3. 1892
† 17. 2. 1982

Inhalt

Vorwort: Wie dieses Buch zustande kam

Seit ich mich mit naturbelassener Küche beschäftige, »klebe« ich zwangsläufig am Honigtopf. Will man auf weißen Raffinadezucker verzichten, nicht aber auf Süßes, ist das Bienenprodukt das Naheliegendste, schon weil es als einziges natürliches Lebensmittel in jedem Supermarkt, im kleinsten Eckladen, beim entlegensten Dorfkaufmann in guter Qualität zu haben ist. Dafür sorgen eine strenge staatliche Honigverordnung und eine wirksame Kontrolle durch die Imker, Importeure und Abfüller untereinander – worauf ich in diesem Buch noch eingehen werde.

Während Zucker nur Zucker ist, umstritten, als schädlich bezeichnet, als leeres Kohlehydrat und Dickmacher verschrien und eben einfach nur süß schmeckt, ist Honig beileibe nicht gleich Honig. Das sieht man schon daran, daß er mal dünnflüssig, mal kristallisiert, mal hellgelb, mal in grünlichschwarzer Farbe angeboten wird – je nach Sorte verschieden. Und jeder Honig hat seinen eigenen charakteristischen Geschmack. Welch eine Herausforderung für eine leidenschaftliche Köchin wie mich, diese vielfältigen Aromen bei der Zubereitung der verschiedensten Speisen auszuprobieren – durchaus nicht nur in den süßen Gerichten. Kochen mit Honig gedieh zu einem herrlichen Abenteuer. Ich versuchte die waghalsigsten Kombinationen und wurde von meinem neuen »Allgewürz« nie enttäuscht.

Und Honig gibt nicht nur den letzten Pfiff, er hebt obendrein noch den Nährwert aller Speisen. Ich tue ihn sogar in meinen Morgenkaffee, auf den ich nicht verzichten mag. Mit Honig bleibt er anregend, aber das Herz kann die Wirkung des Koffeins besser verkraften. Wenn mich abends Alltagssorgen beunruhigen, verschafft mir ein Schlummertrunk mit Honig erholsamen Schlaf.

Daß Honig gesund ist, weiß jedes Kind. Ich wollte wissen, warum, und fand, daß dieser Lebenssaft der kleinen Bienen für uns Menschen ein geradezu wundertätiges Geschenk der Natur darstellt. Nicht genug damit, daß er so ziemlich alles enthält, was zu einer gesunden, vollwertigen Ernährung not-

wendig ist, die heilende und lindernde Wirkung bei Krankheiten, die Anwendungsmöglichkeiten im kosmetischen Bereich sind verblüffend.
Während meiner Recherchen und Erprobungen wurde es mir zum dringenden Anliegen, meiner verstorbenen Großmutter Abbitte zu tun. Wie oft haben meine Geschwister und ich die alte Dame ausgelacht, wenn sie uns mit Honig kam: Honig bei Halsweh, Honig bei Kopfschmerzen, Honig bei Schluckauf, Honig bei Menstruationsbeschwerden, Honig bei verdorbenem Magen. Sie, der dieses Buch gewidmet ist, konnte ihr Wissen um die heilende Kraft des Honigs nicht begründen. Sie konnte uns nichts über Mineralien, Spurenelemente, Fermente, Vitamine, Eiweißstoffe und Hormone sagen. Sie konnte nicht über die schleim- und krampflösende, über die antibiotische und beruhigende Wirkung des Honigs reden. Aber sie wußte, daß Honig hilft, so wie es ihre Mutter und deren Mutter gewußt haben.
Bienen haben schon Honig gemacht, lange bevor der Mensch auf dem Plan der Schöpfung stand, nämlich seit rund 30 Millionen Jahren. Solange es Menschen gibt, hat Honig für sie eine große Bedeutung, in der Ernährung, in der Mythologie, in der Kultur und in der Medizin.
Die alten Ägypter gaben ihren Toten Honig als Wegzehrung mit auf die Reise in die Ewigkeit, und – oh Wunder! – diese Grabbeigaben sind nach Hunderten von Jahren noch frisch und genießbar. Wenn heute mehr und mehr Wursthersteller ihre Waren mit Honig statt mit Nitritsalzen konservieren, seien wir ihnen dankbar. In einer Zeit, in der Mutter Natur uns in so erschreckendem Ausmaß untertan geworden ist, kann man einem so reinen Naturprodukt wie dem Honig nicht genug Wichtigkeit zumessen.
Bei mir findet sich Honig schon lange nicht mehr nur in der Küche. Ein großer Topf steht im Badezimmer, und eine Notreserve hat ihren Platz in der Hausapotheke. Wenn mein kleiner Sohn am Honigtopf nascht, hat er keine Schelte zu befürchten. Ich halte es da mit dem Alten Testament, wo es in den Sprichwörtern heißt: »Iß Honig, mein Sohn, denn er ist gut, Wabenhonig ist süß für den Gaumen. Wisse: Genauso ist die Weisheit für dich. Findest du sie darin, gibt es eine Zukunft, deine Hoffnung wird nicht zerschlagen.«

I. Kapitel:
Honig – Theorie

Was ist Bienenhonig?

Definition laut Honigverordnung von 1976: »Honig ist ein flüssiges, dickflüssiges oder kristallines Lebensmittel, das von Bienen erzeugt wird, indem sie Blütennektar, andere Sekrete von Pflanzenteilen oder auf lebenden Pflanzen befindliche Insekten aufnehmen, durch körpereigene Sekrete bereichern und verändern, in Waben speichern und dort reifen lassen.«

Was hier so klar beschrieben ist, stellt sich bei näherer Betrachtung als Produkt eines komplizierten Herstellungsvorganges heraus. Dieser beginnt zunächst einmal in der Pflanze selbst: Ob Kräutlein, Blume, Busch oder Baum, in jeder Pflanze zirkulieren Säfte, die für Wachstum und Ernährung sorgen. Zur Regulierung dieses Saftleitungssystems und der in ihm enthaltenen Wirkstoffe gibt es eine Art Ventile – Drüsen, die Nektarien genannt werden, weil sie eine wässerige, zuckerhaltige Substanz absondern, den Nektar.

Nektarien können in allen möglichen oberirdischen Pflanzenteilen vorkommen, in Blattachsen, am Stamm, an den Keimblättern oder am Blattstiel. Diejenigen, die in den Blüten sitzen, haben neben ihrer Ventilfunktion noch eine weitere Bedeutung. Sie sollen nämlich Insekten anlocken, die, während sie den Nektar aufsaugen, den Blütenstempel mit Staub befruchten und damit für die Vermehrung der Pflanze sorgen. Um auf diese Nektardrüsen aufmerksam zu machen, werben die Pflanzen mit der Farbe und dem Duft ihrer Blütenblätter.

Bienen lassen sich davon gern verführen, sie fliegen auf Blüten, verschmähen aber auch andere Nektarien nicht und nehmen sogar, was Pflanzensaft naschende Läuse so an Süßigkeit absondern. Der gehaltvolle Nektar gelangt durch den langen Saugrüssel der Biene in deren Honigmagen. Dort beginnt sogleich die Umwandlung des Pflanzenproduktes in Bienenhonig durch eine Gärung, die teils durch im Nektar enthaltene, teils durch von den Futtersaftdrüsen der Bienen ausgeschiendene Enzyme bewirkt wird. Außerdem soll noch alle überschüssige Flüssigkeit verdunstet werden.

Jede Arbeitsbiene, die im Stock den Nektar von den Trachtbienen über-

nimmt, kann instinktiv erfassen, welchen Feuchtigkeitsgrad der Nektar hat. Ist er zu wässerig, hängt sie ihn an der Decke einer der für den Honigvorrat vorgesehenen Wabenzellen auf, damit er trocknen kann. Ist er zu dick, bearbeitet sie ihn mit dem Rüssel, bis er die richtige Konsistenz hat.
Mit einer Konzentration von 60 % Zucker wird der Nektar in die Wabenzellen gefüllt. Den Reifungsprozeß bewirken die Arbeitsbienen, indem sie mit den Flügeln fächeln und damit die Wasserverdunstung fördern. Hat der Honig eine Konzentration von 80 % Zucker, wird die Wabenzelle verdeckelt. Der Inhalt ist nun unbegrenzt haltbar.
An diesem Punkt setzt die Beteiligung des Menschen an der Honigproduktion ein. Die Bienen sammeln den Nektar für ihre Ernährung während der Wintermonate. Der Imker nimmt ihnen die Waben und ersetzt sie durch eine speziell kombinierte Zuckerlösung. In einer Zentrifuge wird der Honig aus den entdeckelten Waben herausgeschleudert und in die bekannten Gläser oder Eimer abgefüllt. Diese Behandlung, sofern sie fachgerecht geschieht, tut der Haltbarkeit keinen Abbruch. Honig benötigt kein Verfallsdatum. Alle seine Inhaltsstoffe sind auf natürliche Weise konserviert.

Zusammensetzung, Inhalts- und Wirkstoffe

Honig besteht also zu 80% aus Zuckerstoffen oder *Sacchariden.* Man unterscheidet zwischen *Monosacchariden* (Einfachzucker), die durch den Darm direkt vom Körper aufgenommen (resorbiert) werden können, und *Polysacchariden* (Vielfachzucker), die vor der Resorption einer chemischen Umwandlung bedürfen.
Gewöhnlicher Haushaltszucker gehört als Disaccharid zu den Vielfachzukkern. Seine Umwandlung verbraucht das lebenswichtige Kalzium sowie Vitamin B und erzeugt Abfallstoffe, die im Darm zu schädlichen Gärungsprozessen führen.
Die Zuckerstoffe des Honigs bestehen im wesentlichen aus Monosacchariden, wie die folgende Mittelwertanalyse zeigt:

Glucose – Traubenzucker, Dextrose (Monosaccharid)	32%
Fructose – Fruchtzucker (Monosaccharid)	39%
Maltose – Malzzucker (Disaccharid)	7%
Polysaccharide	2%
Gesamtzuckergehalt	80%

Glucose
ist die wichtigste Energiequelle für Muskeln und Organe. Sie tritt durch die Darmwand direkt ins Blut über und ist so schon kurz nach der Aufnahme für den Körper verfügbar. Überschüssige Glucose wird in Glycogen umgesetzt, das als Reservezucker im Gewebe lagert. Glucose kann aber nur in Gegenwart von Phosphorverbindungen vom Blut aufgenommen werden. Honig enthält Phosphate! Zucker, auch Traubenzucker, hingegen nicht.

Fructose
wird etwas weniger schnell vom Körper resorbiert als Glucose, benötigt aber ebenfalls keine chemische Umwandlung. Fructose kristallisiert nicht

aus. Honig, der lange flüssig bleibt, hat demnach einen größeren Fructosegehalt – fester Honig einen größeren Glucosegehalt. Fructose bringt die eigentliche Süßkraft des Honigs, die ja um ca. ein Drittel höher ist als die des gewöhnlichen Haushaltszuckers.

Mineralien und Spurenelemente

Phosphor haben wir schon genannt. Eisen, Kalzium, Kupfer, Mangan, Aluminium, Magnesium, Natrium, Kalium, so heißen die anderen für die Gesundheit wichtigen Mineralstoffe, die im Honig vorkommen – allerdings in sehr unterschiedlichen Mengen. Das hängt von der Bodenbeschaffenheit und der Art der Pflanzen ab, von denen der Nektar für den Honig stammt. Generell kann man sagen, daß dunkle, aromatische Honigsorten, Tauhonig von Tannen und vom Mischwald, die im Sommer oder Herbst geerntet wurden, einen höheren Anteil an Mineralien und Spurenelementen aufweisen als helle, dünnflüssige Frühlingsblütenhonige. Mit wohlabgestimmten Honiggaben kann man Mineralstoff-Mangelerscheinungen wirksam bekämpfen.

Vitamine

Verglichen mit dem Inhalt eines der angepriesenen Multivitaminpräparate, ist der Vitaminanteil im Honig sehr gering. Nachgewiesen sind Vitamin B_1 und B_2, Nicotinamid, Thiamin, Riboflavin, Biotin und Ascorbinsäure (Vitamin C). Alle diese Vitamine haben in der menschlichen Ernährung eine wesentliche Bedeutung. Mit Hilfe medizinischer Technologie kann man genau berechnen, wieviel der Mensch für seine Funktionstüchtigkeit davon täglich benötigt. Dann macht man aus diesen Stoffen handliche Pillen in exakter Zusammensetzung, und jeder glaubt, daß er sich damit bestens versorgt.
Dabei wird aber vergessen, daß die so auf kleinstem Raum zusammengepreßten, zum Teil künstlich erzeugten Wirkstoffe in der Natur in einem völlig anderen Zusammenhang und meist in wohlabgestimmter Dosierung vorkommen. Nicht die Menge ist bedeutsam, sondern die Beschaffenheit!
So muß man Honig zwar als relativ vitaminarmes Lebensmittel bezeichnen, im Zusammenspiel aller seiner Wirkstoffe haben aber auch die Vitamine ihre gesundheitsfördernde Rolle.

Enzyme (Fermente) und Hormone

Enzyme sind Eiweißverbindungen mit katalysatorischer Wirkung. Stoffe also, die bei einer chemischen Umwandlung vorhanden sein müssen. Der menschliche Organismus braucht Enzyme für die Verdauung, um alle mit der Nahrung aufgenommenen Wirkstoffe verwerten zu können.
Ein wesentliches im Honig vorkommendes Enzym, die *Invertase* oder Saccharose, wandelt Polysaccharide in Monosaccharide um, also den schädli-

chen Rohr- oder Rübenzucker in wertvollen Trauben- oder Fruchtzucker. Ein anderes Ferment, die *Diastase,* wirkt stärkespaltend. Diese beiden und zehn weitere im Honig nachgewiesene Enzyme gleichen einen eventuellen Mangel im Organismus, besonders bei älteren Menschen und Kindern, aus. Besondere Bedeutung hat noch ein Enzym mit der unaussprechlichen Bezeichnung *Glucoseoxidase,* das erst in den letzten Jahren im Honig gefunden wurde. Man nennt es auch *Inhibin.* Das lateinische Wort »inhibere« heißt »hemmen«. Inhibin hemmt Bakterien und wirkt auf diese Weise antibiotisch. Seit alters ist bekannt, daß Honig, auf eiternde Wunden gestrichen, heilsam ist und daß auch Darminfektionen und Erkältungskrankheiten mit Honig behandelt werden können. Das Inhibin ist die Erklärung dafür!

Zur Beachtung:
Alle Enzyme und besonders das Inhibin sind äußerst hitzeempfindlich. Deshalb Honig nie in kochende Flüssigkeit rühren und vor allem darauf achten, daß man nur kaltgeschleuderten Honig kauft!
Im Honig sind auch verschiedene *Hormone* in zum Teil winzigen Mengen enthalten. Das wichtigste ist das Gewebshormon *Acetycholin,* das sich günstig auf Herz, Darm und Nieren auswirkt. Der Mensch benötigt nur minimale Mengen davon, die aber besonders in Zusammenwirkung mit der Fructose des Honigs die Leistungsfähigkeit des Herzens wesentlich erhöhen.
»Honig ist eine Labsal und Nahrung für das Herz«, sagte meine Großmutter.

Säuregehalt
Honig ist, obwohl das geschmacklich kaum hervortritt, säurehaltig. Die Biene produziert mit ihrem Kopfdrüsensaft ein Enzymsystem, das aus Traubenzucker in Verbindung mit Sauerstoff und Wasser Gluconsäure bildet. Diese dient zur Konservierung vor allem der im Honig vorhandenen Fermente.
Auch Ameisen-, Essig-, Milch-, Butter- und Zitronensäure kommen im Honig in kleinsten Mengen vor.
Honigtauhonige enthalten mehr Säure als Blütenhonige, wobei aber der höhere Anteil an Mineralstoffen und Eiweiß im Honigtau die Säureeigenschaft vermindert.
Für den Menschen liegt die Bedeutung des Honigsäuregehalts vor allem in seiner Wirkung auf die Verdauung.
Interessant ist außerdem, daß der pH-Wert des Honigs mit 4,5 bis 5,4 dem des Säureschutzmantels der Haut sehr ähnlich ist. Das mag für die pflegende und schützende Eigenschaft des Honigs bei kosmetischer Anwendung verantwortlich sein.

Wissenswertes über Bienen und Imker

Die Bienen, die all diese Nähr- und Wirkstoffe zusammentragen und zu Honig verarbeiten, sind die einzigen domestizierten Insekten von über 600000 Spezies – sofern man in diesem Falle von Domestizierung sprechen kann. Sicher gehört die Biene zu einem der ersten Tiere, die sich der Mensch nutzbar machte.
Wahrscheinlich hatten irgendwann die Urzeitmenschen, die des Jagens und Sammelns müde waren und sich seßhaft machten, alle wilden Bienennester ihrer Umgebung ausgeplündert. Um sich ihr einziges Süßmittel, den Honig, zu sichern, stellten sie mit Lehm verkleisterte Strohkörbe oder ausgehöhlte Baumstämme auf, die Bienenschwärme anlocken sollten. Die Bienen nahmen diese künstlichen Stöcke gerne an. Als Dank dafür, daß sie nun nicht mehr in Baumgipfel steigen mußten, um Honig zu ernten, ließen die Menschen andererseits den Bienen auch einen ausreichenden Anteil ihres Honigs – vielleicht ein wenig verdünnt –, damit sie überwintern konnten.
Das Nebenprodukt Bienenwachs gewann gleichfalls an Bedeutung und fand Verwendung zunächst als Kittmasse, später für den Metallguß, als Kerzenmaterial und als Schreibtäfelchen.
Sehr bald fanden die einfachen Bauern sicherlich auch heraus, daß sie die Bienen für ihre beginnende Landwirtschaft benötigten. 80% aller auf Insektenbestäubung angewiesenen Wild- und Nutzpflanzen werden von Bienen befruchtet, weil Bienen blütenbeständig sind und auf einem Ausflug jeweils nur eine Pflanzenart besuchen, so daß sie auch den richtigen Pollen übertragen.
Obstanbau, aber auch die wirtschaftliche Pflanzung vieler Gemüsesorten, ist ohne Bienen nicht denkbar. Ein weiterer Grund für die Menschen, sich Bienen in die Nähe ihrer Ansiedlungen und Felder zu holen, sie gut zu pflegen sowie ausschwärmende Völker stets wieder einzufangen und ihnen eine Behausung zu geben. An diesem System von Leistung und Gegenleistung zwischen Bienen und Menschen hat sich bis heute nichts geändert. Zwar ha-

ben Imker durch Zucht in die Natur eingegriffen und sich besonders friedfertige Bienenarten herangezogen, jedoch ist es nie gelungen, die Grundverhaltensweise oder die Physiologie der Bienen zu beeinflussen. Mag sich ein erfahrener Imker ohne Hut und Schutzschleier seinen Völkern nähern, so bleibt den Bienen dennoch ihr Giftstachel, mit dem sie Eindringlinge in ihr Reich auf Abstand halten können!

Der Bienenstaat

Die Honigbiene ist ein soziales Insekt, das als Einzelwesen nicht lebensfähig ist. Ein Bienenvolk, in dem jedes der drei verschiedenen Bienenwesen seine streng organisierten Aufgaben hat, besteht im Sommer aus 50000 bis 70000 Arbeiterinnen, einer Bienenkönigin und 500 bis 1500 Drohnen.

Ebenso gibt es drei verschiedene Arten von Wabenzellen, die auch nach klaren Regeln und Gesetzen aufgebaut und angeordnet sind. Die Arbeiterinnen-Zellen sind nach dem Prinzip größtmöglicher Raumnutzung bei kleinstem Materialaufwand sechseckig in Doppelschicht zur Wabe angelegt. In ihnen wird die Arbeiterbrut aufgezogen, und sie dienen zur Lagerung von Honig und Pollen. Die Königinnen-Zellen sind hängende, runde Näpfe, die als Luxusbehausungen nur einmal genutzt werden. Die Zellen, in denen die Drohnen heranwachsen, sind etwas größer als die der Arbeiterinnen. Manchmal wird Honig in ihnen gelagert, selten sind es Pollen.

Die unermüdlichen Arbeiterinnen haben den Bienenfleiß sprichwörtlich gemacht. Es sind weibliche Wesen mit unterentwickelten Eierstöcken. Sie produzieren das Wachs, indem sie aus zahlreichen zwischen den Segmenten ihres Hinterleibs befindlichen Drüsen Wachsplättchen absondern. Sie bauen daraus die Waben, sie pflegen und füttern die Brut, und sie sammeln Nektar und Pollen.

Welche dieser Aufgaben eine Arbeiterin zu übernehmen hat, hängt von ihrem Alter ab. Wenn sie 21 Tage nach Eiablage aus ihrer Zelle schlüpft, hat sie für die nächsten drei Wochen Dienst im Stock. Zuerst muß sie putzen, dann dient sie als Ammenbiene und füttert die Larven, schließlich darf sie Waben bauen und Pollen in die Zellen füllen. In die Honigproduktion wird sie einbezogen, indem sie den Trachtbienen den Nektar abnimmt, ihn auf die richtige Konsistenz bringt und in die Waben einlagert. Die Krönung ihrer Laufbahn hat sie erreicht, wenn sie ausfliegt und Nektar sammeln darf. Das tut sie mit Inbrunst und bis zur Erschöpfung. Schließlich muß sie bis zu 8000 Blüten aufsuchen und ca. 3000 km fliegen, damit 1 g Honig entsteht. Für 1 kg Honig haben die Bienen von 6 Millionen Klee- oder 1,6 Millionen Akazienblüten Nektar zu ernten. In guten Sommern, wenn viel Nahrung zu sammeln ist, kann man Arbeiterinnen mit völlig zerrupften Flügeln beobachten, die kaum noch ihre schwere Last tragen können. Sinkt eine ermattet nieder,

wird sie oft von Kolleginnen mit Nektar wieder aufgepäppelt. Manche stirbt aber an Überanstrengung, bevor sie ihre eigentliche Lebensdauer von sechs bis acht Wochen erreicht hat.
Die Bienenkönigin ist mit den Arbeiterinnen genetisch identisch. Daß sich bei ihr die Eierstöcke entwickeln, liegt an der besonderen Ernährung, die sie genießt. In den ersten drei Tagen werden alle weiblichen Larven mit dem geheimnisvollen Gelee Royal (Weiselfuttersaft) aus den Futtersaftdrüsen der Ammenbienen gespeist. Die Arbeiterinnen-Larven bekommen dann sogenanntes Bienenbrot, eine Mischung aus Honig und Pollen. Die Königinnen-Larven kriegen weiter Gelee Royal und schlüpfen schon nach sechzehn Tagen. Sobald eine Königin aus ihrer Zelle gekrochen ist, vernichtet sie alle anderen Königinnen-Larven. Schlüpfen zwei der Herrscherinnen gleichzeitig, kommt es zum Kampf auf Leben und Tod.
In der ersten Lebenswoche darf die Königin sich im Stock umsehen und wird ansonsten kaum beachtet. Am fünften bis achten Tag fliegt sie zur Hochzeit aus, gefolgt von den männlichen Bienen, den Drohnen. Der schnellste und stärkste Freier darf sie begatten und stirbt dann.
Eine Königin macht in ihrem drei- bis vierjährigen Leben etwa sieben Hochzeitsflüge. Nach jeder Begattung behält sie die Spermien in einem speziellen Beutel und befruchtet damit die Eier, aus denen Arbeiterinnen entstehen sollen. Im Mai/Juni, der besten Bienenzeit, kann die Königin bis zu 3000 Eier täglich legen, das ist an Gewicht ein Drittel mehr, als sie selbst wiegt. Im Laufe ihres Lebens kommen ca. 1 Million Eier zusammen.
Außer dieser Fortpflanzungstätigkeit regiert die Königin ihr Volk, indem sie es durch Absonderung von Geruchs- und Geschmacksstoffen zusammenhält. Jede Arbeiterin weiß, zu welcher Königin sie gehört. Die Arbeitsbienen verwöhnen ihre Königin. Sie wird fortwährend liebkost, gereinigt und gefüttert, dann und wann aber auch auf Diät gesetzt, damit sie mit der Eierproduktion aufhört und leicht genug wird, mit dem Volk auszuschwärmen, wenn es im Stock zu eng wird.
Die Drohnen haben nur die einzige Aufgabe, die Königin zu begatten. Sonst führen sie das ebenfalls sprichwörtliche Drohnenleben, das so angenehm aber gar nicht ist. Diese männlichen Bienenwesen entwickeln sich aus unbefruchteten Eiern in 24 Tagen. Sie werden gefüttert und leben dann so lange im Stock, bis eine Königin zum Hochzeitsflug aufbricht. Die meisten der dikken Drohnen sterben an der ungewohnten Anstrengung des Fluges. Andere finden nicht zum Stock zurück und verhungern. Die Arbeiterinnen versorgen die Männchen, solange es genug Nahrung gibt. Wenn aber der Herbst kommt und der Nektar knapper wird, jagen sie die unnützen Fresser aus dem Stock. Sie müssen dann elendig zugrunde gehen.
Im Winter sinkt die Bevölkerung eines Stockes auf 8000 bis 20000 Bienen.

Die Lebenserwartung der Arbeiterinnen steigt dagegen auf vier bis sechs Monate. Sobald die Temperatur die 14-Grad-Celsius-Marke unterschreitet, bilden die Bienen eine dichte Traube, in der Mitte die Königin. Die Bienen erzeugen Wärme, indem sie Beine, Leiber und Fühler bewegen. Wird es noch kälter, fächeln sie mit den Flügeln. Bienen sind also niemals untätig; und kaum daß im Frühjahr die ersten lauen Lüfte wehen, beginnen sie wieder voller Fleiß mit ihrer Brutaufzucht- und Sammeltätigkeit.

Der Beitrag des Menschen

Die Haltung eines Bienenvolks macht im Jahr nicht mehr als fünfzig bis siebzig Stunden Arbeit. Ist der Anteil der Imker an der großen Mühe der Honigherstellung so gering?

Sicher darf man die Bemühungen der Bienenhalter nicht nur nach Zeit und Arbeit oder wirtschaftlichen Maßstäben bemessen. Wer Bienen betreut – und das sind in zunehmender Zahl neben den Berufsimkern mit 150 bis 500 Völker auch Hobbyimker, die sich zwei bis zehn Bienenstöcke anschaffen –, der tut das meist nicht nur des Honigs wegen, sondern er fühlt Begeisterung und Liebe für die winzigen »Haustiere«, und er hat ein besonderes Verhältnis zur Natur in ihrem jährlichen Ablauf.

Wo Bienen summen, ist die Natur noch einigermaßen in Ordnung. Da Bienen einen Umkreis von 3,5 bis 5 km zum Ausschwirren brauchen, wird jeder Imker für die Erhaltung freier Landschaft eintreten. Kein Obstbauer wird zur Blütezeit seine Plantagen mit Gift spritzen, will er nicht seine Ernte gefährden. Auch die meisten Gartenbesitzer sind im Umgang mit Insektenvertilgern zum Glück vorsichtig geworden.

Diese Tatsache beantwortet auch die Frage nach Giftrückständen im Honig. Eine Biene, die mit Pflanzenschutzmitteln in Berührung kommt, stirbt und kann folglich keinen Honig eintragen. Außerdem sind Bienen offenbar in der Lage, auch Giftstoffe aus der Luftverschmutzung aus ihrem Honigprodukt herauszuhalten.

Im Institut für Honigforschung in Bremen, wo seit fast dreißig Jahren einheimischer und importierter Honig auf seine Qualität und seine Inhaltsstoffe überprüft wird, wurden nur in 5% der Honigproben schädliche Rückstände nachgewiesen, und zwar in so geringen Mengen, daß ein Mensch tausend Jahre alt werden müßte, um aus Honig annähernd die Schadstoffmenge aufzunehmen wie beispielsweise aus Kartoffeln oder Getreideprodukten.

Der ökologische Nutzen der Bienen läßt sich mit eindrucksvollen Zahlen darstellen:

Mittelbar bringt die Honigbiene durch ihre Bestäubungstätigkeit im Obst- und Gartenbau und in der Landwirtschaft der Bundesrepublik Deutschland einen Nutzen von rund 1 Milliarde DM! Bienen sorgen für 90% der Ernte an

Stein- und Kernobst und für reiche Erträge an Beerenfrüchten, Raps, Rüben, Erbsen, Bohnen, Kleearten, Luzernen, Kohl, Möhren, Salat und Zierblütenpflanzen.
An unmittelbarem Nutzen produzieren ungefähr 1,2 Millionen Bienenvölker jährlich ca. 15 Millionen kg Honig im Wert von 100 Millionen DM.
Die Bundesrepublik Deutschland ist mit 60 Millionen kg jährlich – 1 kg pro Kopf der Bevölkerung – der größte Honigverbraucher der Welt. Etwa 80 % des hier konsumierten Honigs muß eingeführt werden – und der Importhonig ist zum Teil noch wesentlich billiger als der einheimische.
Der Preis hat aber in diesem Falle nicht unbedingt mit dem Wert zu tun. Die Preisunterschiede erklären sich daraus, daß in unserem Klima ein Bienenvolk bei größtem Fleiß nicht mehr als durchschnittlich 7,5 kg Honig jährlich produzieren kann. In Ländern, in denen ein langer Sommer viele Blüten hervorbringt, schaffen die Bienen oft mehr als 50 kg heran. In Mexiko braucht ein Schwarm dazu manchmal nur acht Wochen.
Echter deutscher Bienenhonig ist ein Qualitätsprodukt, auf das die Imker mit Recht stolz sein können. Von den Inhalts- und Wirkstoffen her ist ausländischer Honig jedoch nicht schlechter zu bewerten.

Honigbehandlung

Bevor der Honig aus dem Bienenstock ins handelsübliche Glas gelangt ist, bedarf es einiger Mühe. Um der gesetzlichen Honigverordnung und den Güte- und Kontrollbestimmungen zu genügen, darf Honig den Bienenvölkern nur abgenommen werden, wenn er genügend ausgereift ist. Das ist er im allgemeinen, nachdem die Bienen die Waben verdeckelt haben.
Der Imker kann die Waben aus dem Stock nehmen, wenn möglichst viele Bienen ausgeflogen sind, nicht aber wenn sie gerade eine neue Ernte einbringen, damit kein wässeriger Nektar in den reifen Honig gelangt. Außerdem würden die Bienen diese Störung sehr übelnehmen. Die auf der Wabe diensttuenden Arbeiterinnen sind verwirrt genug, wenn sie mit einer Feder abgestreift und in den Stock zurückgestoßen werden. Der Imker darf dabei nicht viel mit Hilfsmitteln wie Rauchgerät oder Wasserzerstäuber arbeiten, weil Ascheteile oder Wassertropfen in unverdeckelte Zellen geraten könnten. Er muß durch ruhiges und besonnenes Hantieren die aufkeimende Stechlust seiner Bienen in Grenzen halten.
Die Wabenzellen werden dann mit einer Art vielzinkiger Gabel oder in speziellen Geräten entdeckelt. Je nach Größe des Imkereibetriebes kommen die Waben nun in eine Schleuder mit Hand- oder Motorantrieb, wo der Honig durch Zentrifugalkraft aus den Zellen herausgetrieben wird. Ist der Honig sehr zäh oder bereits in der Wabe leicht kristallisiert, muß er erwärmt werden. Dazu genügt es, den Schleuderraum tüchtig aufzuheizen, etwa auf 27 bis 30 Grad.
Der aus der Schleuder laufende Honig wird durchgesiebt, um Wachsteile und Fremdkörper zu entfernen. Je nach Honigsorte bleibt das gewonnene Rohprodukt nun ein bis fünf Tage stehen, damit Luftbläschen und letzte Wachspartikel an die Oberfläche gelangen können. Der sich bildende Schaum wird abgenommen und wieder an die Bienen verfüttert. Ein Filtern des Honigs, wobei die Pollenteilchen entfernt werden, ist in europäischen Ländern verboten.

Der geleeartige Heidehonig und auch andere besonders zähe Honigsorten werden zum Teil auch durch Auspressen der Waben gewonnen, was die Qualität durchaus nicht beeinflußt.
Vor dem Abfüllen wird der Honig zunächst in speziellen Gefäßen gelagert. Vielleicht soll er ja später noch mit anderen Honigen gemischt werden. Sowohl die Lagergefäße als auch der Lagerraum müssen der Tatsache Rechnung tragen, daß Honig Feuchtigkeit und Fremdgerüche anzieht.
Zur Mischung und Abfüllung muß der Honig erwärmt werden. Hierbei passieren die meisten Fehler in der Honigbehandlung. Besonders bei automatischen Abfüllanlagen in Großbetrieben kann es geschehen, daß die Heizung zu spät abgeschaltet wird und der Honig »verbrennt«. In den großen Behältern wird leicht die äußere Honigschicht bereits überhitzt, bevor die Mitte genügend verflüssigt ist. Man merkt solche Wärmeschäden aber leicht an Farbe und Geschmack des Honigs. Doch der Endabnehmer braucht sich keine Sorgen zu machen: Dieser Honig darf nur noch als Backhonig verkauft werden.
Die Folgen solch fehlerhafter Behandlung von Honig stehen unter strenger Kontrolle. Im Institut für Honigforschung werden sie als erstes überprüft. Dabei kommen von den Rohhonigen etwa 5% zu Beanstandungen. Bei den abgefüllten ist die Fehlerquote weit geringer. Das 1954 in Bremen gegründete Institut arbeitet sowohl mit dem deutschen Imkerbund als auch mit der Honig-Importvereinigung eng zusammen. Wir Verbraucher können also ziemlich sicher sein, daß nur naturbelassener, ungeschädigter, voll wirksamer Honig auf den Markt kommt.

Honigsorten

Bienenhonig – von hellblond bis schwarz!
Wasserhell, zartgelb, grünlich, orange, goldbraun, rötlich und sogar fast schwarz – so unterschiedlich ist Honig in der Farbe. Dünnflüssig, geleeartig, cremig, körnig, fest – so ist die Konsistenz. Von mild-süß bis herb-aromatisch variieren die Geschmackskomponenten, von zart-blumig bis schwerharzig die Duftnoten.
Honigspezialisten dürften sich durchaus mit Weinkennern vergleichen, denn das jeweilige Prüfobjekt ist gleichermaßen abhängig von besonderen Witterungsverhältnissen im Jahrgang, von Lage und Kleinklima der Ernteorte.
Eine Biene, die wandert und von dem sammelt, was sie findet, bringt »Blütenhonig« ein. Entdeckt sie aber ein besonders honigträchtiges Gebiet, etwa ein Rapsfeld oder eine blühende Lindenallee, kehrt sie zum Stock zurück und signalisiert ihren Artgenossen durch bestimmte »Tänze«, was wo zu holen ist. Der Imker beobachtet seine fleißigen Arbeiterinnen ganz genau, denn er braucht einen Anteil von über 51 % Nektar- oder Tauhonig einer bestimmten Pflanzenart, um sein Produkt als »Tracht«, also als Spezialität deklarieren zu können. Deshalb unterstützen Imker auch die Reiselust ihrer Bienenvölker und bringen die Stöcke in die blühende Heide oder zum tautragenden Tannenwald.

Honigspezialitäten stellen sich vor:

Akazienhonig
hat einen zarten, leichten Blütenduft. Im Geschmack ist er mild und angenehm – besonders bei Kindern beliebt. Er kristallisiert kaum und läßt sich daher gut in Getränken verrühren.

Buchweizenhonig
ist ziemlich dunkel und hat einen eigentümlichen harzigen Duft und Geschmack, der nicht jedermanns Sache ist. Er enthält aber viele Spurenele-

mente und wirkt sich besonders auf Verdauung und Stoffwechsel aus. Ein Honig für Gesundheit und Kraft.

Eukalyptushonig
bringt ein kräftiges spezifisches Aroma. Er wirkt infektionshemmend bei Erkrankungen der Atemorgane und Harnwege. Besonders geeignet ist er auch für Inhalationen.

Gebirgsblütenhonig
sammeln die Bienen von in reiner, ozonhaltiger Luft der Hochgebirge gedeihenden Pflanzen. Er schmeckt köstlich und bewährt sich bei der Behandlung von Erkältungskrankheiten.

Heidehonig
ist von typischer, rötlich gelber bis hellbrauner Farbe. Ebenso typisch ist sein kräftiger, herb aromatischer Geschmack. Er kristallisiert sehr schnell, wird aber wieder flüssig, wenn man ihn umrührt. Heidehonig ist besonders eisenhaltig, bringt also Energie, kräftigt das Herz und wirkt harntreibend.

Kastanienhonig
schmeckt herb, sogar manchmal leicht bitter, aber sehr apart. Er ist bernsteinfarben. Seine Wirkung stimuliert die Blutzirkulation.

Kleehonig
von salbenartiger Konsistenz ist süß und sanft und besonders für Honigneulinge zu empfehlen. Weil er cremig ist, läuft er nicht vom Brot. Er wirkt beruhigend und eignet sich für Säuglinge und Kleinkinder.

Kohlblütenhonig
erinnert an Fondant und ist wie der Kleehonig sehr hell, fast milchweiß. Ist er auskristallisiert, wird der Geschmack leicht säuerlich. Die Wirkung ist »ziehend« und reinigend, deshalb ist Kohlhonig als Wundauflage geeignet, aber auch bei Blutreinigungs- und Entwässerungskuren sowie bei Schlankheitsdiät.

Lavendelhonig
hat ein unvergleichlich duftiges Aroma. Der Honig ist klar, durchscheinend, und er wirkt krampflösend und schmerzlindernd.

Lindenblütenhonig
ist von heller grünlich gelber Farbe und charakteristischem Geschmack. Er wirkt so wie ein Lindenbaum, wenn man sich an einem warmen Sommerabend in seinem Schatten ausruht – wohltuend und entspannend. Lindenblütenhonig bewährt sich bei Kopfschmerzen, die durch Streß hervorgerufen wurden, und beruhigt auch ein nervöses Verdauungssystem.

Löwenzahnhonig
zeigt sich gelb wie die prächtigen Blüten, aus denen er gesammelt wurde. Er ist hocharomatisch und typisch im Geschmack. Zur Blutreinigung, bei Verdauungsstörungen und bei Leber- und Gallenleiden ist Löwenzahnhonig zu empfehlen.

Obstblütenhonig
wird von den verschiedenen gleichzeitig oder kurz hintereinander blühenden Obstbäumen gesammelt. Er ist hell- bis mittelgelb und mild-neutral im Geschmack. Empfehlenswert für Menschen, die an Vitamin- und Mineralstoffmangel leiden, denn er fördert die Aufnahme dieser Wirkstoffe aus der Nahrung.

Pinienhonig
ist dunkel und von flüssiger Konsistenz. Mit seinem angenehm kernigen Geschmack ist er ein bewährtes Mittel gegen Bronchitis.

Rapshonig
kristallisiert schnell und zeigt sich dann in hellgelber Färbung. Er schmeckt mild, aber frisch und hat ein charakteristisches Aroma. Er wirkt lindernd und entspannend.

Rosmarinhonig
schmeckt so aromatisch, wie er duftet. Der hell bernsteinfarbige Honig wirkt sich positiv auf Lebererkrankungen aus und aktiviert das Zentralnervensystem.

Salbeihonig
ist blaß bernsteinfarbig und sehr wohlschmeckend. Er kristallisiert spät. Wie Salbeitee wird er als Reiz- und Stärkungsmittel verwendet.

Tannenhonig
stammt vom Honigtau der Weißtannen, seine Farbe ist aber grünlich schwarz. Er bleibt schier unbegrenzte Zeit flüssig und schmeckt mild-harzig. Anzuwenden bei Bronchitis, auch zur Inhalation.

Waldblütenhonig
nehmen die Bienen von blühenden Himbeeren, Brombeeren, Weiden, Gamander und Faulbaum. Er ist mild und angenehm im Geschmack. Die Farbe ist dunkelgelb bis hellbraun. Gut gegen Verstopfung und bei Mund- und Halsentzündungen.

Waldhonig
ist Tauhonig von Fichten, Eichen und anderen Baumarten. Seine Farbe ist hellbraun bis rötlich, und er schmeckt angenehm würzig. Bewährt bei Erkältungen, Nervosität und als Stärkungsmittel.

Pollen, Gelee Royal, Propolis

Blütenpollen, auch Blütenstaub genannt, sind die männlichen Keimzellen der Blütenpflanzen. Ein einziges Pollenkörnchen hat nur eine Größe von $1/50\,000$ mm und reicht doch schon aus, um den weiblichen Blütenbestandteil, den Fruchtknoten, zu befruchten. Wenn die Bienen Nektar sammeln, tragen sie unbewußt Pollen von Blüte zu Blüte. Ganz bewußt sammeln sie ihn aber auch zwischen den Härchen ihrer Hinterbeine, wo Pollenklümpchen dicke gelbe »Hosen« bilden. So tragen die Bienen den Blütenstaub zum Stock und lagern ihn ein.
Pollen ist für die Bienen beinahe ebenso wichtig wie Honig. Er dient zur Aufzucht der Brut. Und was für die Bienenlarven gut ist, dient auch dem Menschen.
Blütenpollen enthalten nahezu alle Stoffe, die der Organismus zum Leben braucht: wertvolle Proteine, freie Aminosäuren, mehrfach ungesättigte Fettsäuren, hochwertige Kohlehydrate, Mineralstoffe, Spurenelemente, Vitamine und vitaminähnliche Substanzen, Enzyme, Hormone, Nukleinsäuren, antibakteriell wirkende Verbindungen, natürliche Öle und viele andere mehr. Insgesamt wurden über fünfzig Pollenwirkstoffe nachgewiesen, die – und das ist entscheidend – in einem idealen harmonischen Gleichgewicht vorhanden sind.
Der Genuß von Pollen dient zur Verbesserung des Allgemeinbefindens. Sie sind ein wertvolles Kräftigungsmittel bei Übermüdung und Erschöpfungszuständen. Nachweislich hilft die tägliche Einnahme von Pollen gegen die be-

kannten Beschwerden der Wechseljahre bei Frauen, so wie sie allgemein einen vorzeitigen Alterungsprozeß verhindern können. Männer seien auf die potenzsteigernde Kraft der Blütenpollen hingewiesen. Sie sollen auch als erotisches Stimulans wirken. Der im Pollen enthaltene Wirkstoff Rutin verbessert die Durchlässigkeit der Blutgefäße und beugt damit Blutgerinnseln vor, die zum Herzinfarkt führen können.
Blütenpollen sind in verschiedener Form in Apotheken, Drogerien und Reformhäusern zu haben. Sie werden einmal naturbelassen angeboten, außerdem gibt es Pollenkurhonig, Kurkapseln und Pollentonikum.

Dem *Gelee Royal,* von Imkern Weiselfuttersaft genannt, werden wahrhaft Wunderkräfte zugeschrieben. Ein italienischer Forscher bezeichnete es gar als »Zündkerze des Lebens«.
Produziert wird Gelee Royal in den Futtersaftdrüsen von zwei Wochen alten Bienen, die als Ammen im Stock Dienst tun. Wundersam ist die Wirkung dieses Saftes schon, bedenkt man, daß die Lebenserwartung einer nur damit aufgezogenen Bienenkönigin die ihrer Arbeiterinnen um ein Vielfaches übersteigt. Da alle anderen Bienenprodukte eine so günstige Wirkung auf den menschlichen Organismus haben, ist es naheliegend, daß auch Gelee Royal einen aufbauenden und heilenden Effekt erzielt, vor allem bei Altersbeschwerden und zur Leistungssteigerung.
Nicht ganz so ernst zu nehmen ist in diesem Zusammenhang sicherlich folgender Vergleich: Die Gewichtszunahme der Bienenkönigin-Larve beträgt in fünf Tagen etwa das 1500fache. Auf ein menschliches Baby übertragen, würde dies bedeuten, daß, ausgehend von einem Gewicht von 3,5 kg, es nach fünf Tagen fünf Tonnen wiegen würde, also das Gewicht eines großen Elefanten hätte.
Auch Gelee Royal wird in verschiedener Form angeboten, pur, in Verbindung mit Blütenpollen oder Honig, als Kapseln oder Trinkampullen.

Seit alters bekannt und doch wieder ziemlich neu entdeckt ist *Propolis,* das Kittharz der Bienen. Sie produzieren die gelbe, wohlriechende Substanz aus den harzigen Knospensekreten von Roßkastanien, Lärchen, Pappeln, Birken und Buchen und isolieren damit den Stock gegen Zugluft und Feuchtigkeit. Außerdem werden die Wabenzellen für die Brut damit präpariert, bevor die Königin Eier hineinlegt, und auch der Eingang des Stockes ist mit Propolis umkleidet. Alle als Fremdkörper empfundene Gegenstände, die zu groß sind, um sie zu entfernen, werden mit einer Schicht aus Propolis und Wachs überzogen. Das kann zum Beispiel der Leichnam einer Maus oder eines anderen Eindringlings sein, der so wie eine Mumie einbalsamiert keine Infektionsgefahr für den Stock darstellt.

Propolis ist auf eine so wirksame Weise entzündungshemmend, daß sie von Naturmedizinern anstelle kräftiger Antibiotika genutzt wird, und sie erwies sich bereits in vielen Fällen als hilfreich, wo die Chemie versagt hat.
Die Zusammensetzung von Propolis aus Harzrohstoffen, Pollenteilen, Wachs und Drüsensekreten der Biene ist äußerst vielfältig und kompliziert. Wie im Pollen finden sich Aminosäuren, Fettsäuren und Vitamine, Spurenelemente, ätherische Öle und Enzyme. Die Wirksamkeit beruht wiederum auf der optimalen und harmonischen Abstimmung der Inhaltsstoffe.
Propolis wird eingesetzt bei fast allen Hauterkrankungen, bei Flechten und Pilzinfektionen ebenso wie bei Akne. Auch die in letzter Zeit ins Gespräch gekommenen Herpesviren, gegen die es bisher nichts Rechtes gab, werden von Propolis angegriffen.
Vorbeugend hat sich Propolis gegen Grippe und Erkältung erwiesen. Gute Erfolge werden auch von der Behandlung von Gelenk-, Sehnen- und Muskelerkrankungen mit Propolis-Salbenumschlägen berichtet. Kurzum, bei allen entzündlichen Beschwerden kann das Kittharz der Bienen Anwendung finden und Besserung bringen.
Propolis ist als Salbe (zum Teil als Beimischung) und in Tinkturform in Apotheken und Reformhäusern erhältlich.

II. Kapitel
Honig – Anwendung

Kosmetik mit Honig

Jugendfrisches Aussehen ist heute in jedem Lebensalter gefragt. Falten und Runzeln gelten nicht als Zeichen von Reife und Weisheit, sie sind unerwünscht. Dementsprechend viel Geld wird für Cremes, Lotionen, Masken und Badezusätze aufgewandt, die Schönheit und Jugend versprechen.

Kosmetika galten zu allen Zeiten als etwas Besonderes, Kostbares. Bei vielen der modernen Kosmetik- und Pflegeprodukte ist allerdings anzunehmen, daß die Kosten mehr im Werbeaufwand und in der Verpackung liegen als im Wert des Inhalts. Die vom Hersteller als Preisrechtfertigung angeführten natürlichen Rohstoffe kann man nämlich allesamt für vergleichsweise wenig Geld in jeder Apotheke kaufen.

Ist es also die besondere Zusammensetzung, die die angeblich wunderwirkende Creme so sündhaft teuer sein läßt? Das klingt plausibel, denn haben die Schönsten der Schönen nicht schon immer ein Geheimnis aus ihrem speziellen Schönheitsrezept gemacht? Vielleicht einfach, weil sie so simpel waren wie das Honig-Milch-Bad der Marquise Ninon de l'Enclose (17. Jahrhundert), die mit siebzig noch so schön gewesen sein soll, daß ein Jüngling in Leidenschaft für sie entbrannte.

Die Geheimniskrämerei der Kosmetikproduzenten hat aber wohl andere Gründe, die in den verwendeten Duft-, Farb- und Konservierungsstoffen zu suchen sind. Es gibt keine gesetzliche Auszeichnungspflicht, und deshalb wird strengstes Stillschweigen bewahrt, das durch marktschreierische Slogans übertönt wird: »Ergebnis jahrelanger Forschung!« – »Von führenden Dermatologen in klinischen Experimenten erprobt!« – »Allergiegetestet!«

Von den grauenhaften Tierversuchen, die für diese Tests gemacht werden, wollen wir hier nicht reden. Letztlich ist doch jeder einzelne Verbraucher sein eigenes Versuchskaninchen, denn es ist schier unmöglich, ein kosmetisches Produkt herzustellen, das von vielen tausend Abnehmern gleichmäßig gut vertragen wird. Die ständig ansteigende Zahl der nachweislich durch Kosmetika ausgelösten Hautschädigungen beweisen es.

Insbesondere die Konservierungsstoffe sind nur in sehr geringen Mengen wirklich unproblematisch. Diese würden aber nicht ausreichen, die Schönheitsmittel in dem unabschätzbaren Zeitraum zwischen Herstellung und Verkauf im Laden frisch zu halten. Der Aufdruck eines Verfalldatums, wie bei Milchprodukten üblich, brächte im kommerziellen Kosmetikvertrieb einen ungeheuren Mehraufwand an Organisation und Kosten. Deshalb wird damit argumentiert, die Konservierung diene nicht nur der Haltbarkeit der Präparate, sondern mache sie auch steril und keimfrei.

Nun hat aber unsere Haut einen natürlichen Bakterienmantel, der sie vor Krankheitserregern von außen schützt. Die keimtötenden Konservierungsmittel greifen diesen Schutz an und mindern damit die Abwehrkräfte der Haut. Übersensibilität ist die Folge. Wie viele Menschen tragen ihre empfindliche Haut zu Markte und geben Hunderte von Marken für ihre Pflege aus, ohne zu erkennen, daß es gerade die Kosmetik ist, die die Probleme verursacht? Bleibt noch die Frage, ob durch die chemische Haltbarmachung nicht auch die nützlichen Inhaltsstoffe beeinträchtigt werden!

Kosmetika selber machen ist einfach, preiswert und weniger zeitaufwendig, als es auf den ersten Blick den Anschein hat. Die Rohstoffe erhält man, wie schon gesagt, in Apotheken und Reformhäusern oder man hat sie sogar in der Küche vorrätig. Die Eigenproduktion hat den exklusiven Vorteil, sehr individuell zu sein. Die richtige Mischung der einzelnen Ingredienzien für die ganz persönlichen Belange hat man schnell heraus. Dabei gilt beileibe nicht das Motto: »Viel hilft viel!« Die Haut reagiert auf sparsame Reize wohlwollend und ist eher beleidigt, wenn man ihr allzuviel zumutet.

Es werden ohnehin nur kleine Mengen des jeweiligen Präparates zubereitet, die sich in wenigen Tagen aufbrauchen lassen oder gar nur für eine Anwendung reichen. Eventuelle Reste kann man einfach – aufessen! Bevor Sie nun angewidert den Kopf schütteln, schauen Sie sich die Rezepte an. Kosmetik mit Honig entspricht dem Grundsatz, der mir bei einem Yoga-Kurs vermittelt wurde: »Du sollst deiner Haut nichts anderes zur Nahrung geben als das, was du auch mit dem Mund zu dir nehmen würdest.«

Kein Mensch käme auf die Idee, von einer parfümierten Nachtcreme zu kosten oder an der Schaummaske aus der Spraydose zu naschen. Herunterlaufende Tropfen von Himbeer- oder Quark-Honig-Packungen lecken Sie schnell und mit Vergnügen weg! Solch eine Auflage im Gesicht läßt Sie zwar aussehen wie ein Clown, vielleicht reizen Sie Ihren Partner damit aber nicht nur zum Lachen, sondern auch zum Küssen?

Die Reinigung

Die milde Reinigung ist jeden Tag wichtig – vor allem nach Festen und Feiern, egal, wie müde Sie sind! Die beste Nachtcreme dringt nicht in verstopfte Poren. Auch wenn Sie kein Make-up verwenden, ist die abendliche Reinigung für die Haut unerläßlich. Gegen die Ablagerungen von Staub, Rauch und Luftverschmutzung richtet Wasser allein nicht viel aus. Gewöhnliche Seifen sind zu scharf und schädigen den Säureschutzmantel. Selbst fettige Haut ist dankbar für rückfettende Bestandteile im Reinigungsmittel. Morgens befreit eine leichte Reinigung von Cremeresten und Nachtschweiß. Die Haut wird frisch für den neuen Tag.

Mandel-Honig-Seife

1 Stange weiße Rasierseife
1 EL Rosenwasser
1 EL Lanolin
1 Tropfen Bittermandelöl
1 EL süßes Mandelöl
1 EL Honig

Seife feinschnitzeln, zusammen mit dem Rosenwasser im Wasserbad schmelzen. Lanolin und Mandelöle unter Rühren zufügen. Die Mischung abkühlen lassen, dabei immer wieder umrühren, den Honig zufügen. Die Seifencreme auf einer geölten Marmor- oder Glasplatte erstarren lassen und dann in Stücke schneiden, die man in Seidenpapier einwickelt.

Mandel-Honig-Seife eignet sich für sensible, zu Reizungen neigende Haut, zur Babypflege, aber auch für aufgesprungene, rissige Hände.

Buttermilchreinigung

¼ l Buttermilch mit 1 EL flüssigem Honig gründlich verquirlen. Einen Wattebausch mit der Mischung tränken und damit die Haut in sanften Strichen abreiben, vom Dekolleté aufwärts. Einwirken lassen und anschließend mit lauwarmem Wasser abwaschen.

Diese Reinigung wirkt gründlich und stärkt gleichzeitig den Säuremantel der Haut gegen Schmutz und schädliche Einflüsse der Umwelt.

Reinigungsjoghurt

1 Becher Joghurt mit einem Ei gut verquirlen, 2 EL flüssigen Honig einrühren. Augen-Make-up mit Öl entfernen. Joghurtmischung auf Gesicht, Hals und Dekolleté auftragen

und ¼ Stunde einwirken lassen. Mit lauwarmem Wasser abwaschen. Reinigungsjoghurt hält sich ca. 1 Woche im Kühlschrank.

Kamillen-Hautmilch

50 g weiße Babyseife
¼ l destilliertes oder abgekochtes Wasser
40 g Olivenöl
30 g süßes Mandelöl
1 EL Honig
10 g Kamillenblüten

Die Seife feinschnitzeln, mit destilliertem Wasser übergießen und 1 Nacht stehen lassen. Dann unter Rühren im Wasserbad erhitzen, bis sich die Seife gänzlich gelöst hat. In die etwas abgekühlte Masse Oliven- und Mandelöl einrühren und den Honig zufügen. Kamillenblüten mit ¼ l kochendem Wasser überbrühen, 10 Minuten ziehen lassen, durchfiltern und den Aufguß warm mit den übrigen Ingredienzien verquirlen. In verschließbare Gefäße füllen und kühl aufbewahren (maximal 3 Wochen).
Kamillen-Hautmilch ist eine schonende Reinigung für sensible, gereizte Haut. Sie nährt, pflegt und glättet.

Avocado-Reinigungsmilch

1 TL Milchinpulver
10 g Trockenmagermilch
180 g Rosenwasser
1 EL Honig
40 g Avocadoöl

Milchin- und Magermilchpulver in dem angewärmten Rosenwasser auflösen. Honig und Avocadoöl zufügen und alles gründlich durchschütteln. In braune Apothekerflaschen füllen und kühl aufbewahren.
Diese rückfettende Reinigungsmilch ist ideal für trockene und alternde Haut.

Buttermilch-Reinigungspaste

Schale von 1 ungespritzten Zitrone
35 g Mandelkleie
1 Msp. Agar-Agar
1 EL Honig
ca. ⅛ l Buttermilch

Zitronenschale abreiben, auf einem Küchentuch verteilen und über der Heizung oder im leicht angewärmten Backofen trocknen. Dann mit Mandelkleie, Agar-Agar und Honig verrühren und unter Zugabe von Buttermilch zu einer glatten Paste verarbeiten.
Schlaffe, schlecht durchblutete Haut wird damit massiert. Abgestorbene Hautzellen lösen sich, die Behandlung erfrischt und strafft. Mit lauwarmem Wasser abwaschen, anschließend noch mit kaltem Wasser abtupfen.

Gesichtswässer und Lotionen

Die gründlich gereinigte Haut wird erfrischt, damit sich die Poren zusammenziehen und der Säuremantel ausgeglichen wird. Die hier beschriebenen Lotionen und Wässer halten sich im Kühlschrank ungefähr 1 Woche lang.

Rosenhonig-Gesichtswasser

20 g Honig
100 g Rosenwasser
50 g Alkohol (50 %)
1 EL Zitronensaft

Alle Zutaten in einer weiten Flasche oder einem Flacon miteinander verschütteln und verschlossen aufbewahren.
Das Rosenhonig-Gesichtswasser kräftigt die Haut, durchblutet sie, wirkt straffend und klärend für alle Hauttypen. Es ist sehr gut für die müde und reife Haut geeignet. Einige Tropfen auf den angefeuchteten Wattebausch geben und die Haut damit sanft abreiben.

Englisches Honigwasser

50 g Rosenwasser
50 g Orangenblütenwasser
25 g reinen Alkohol
½ TL Honig
3 Tropfen Melissenöl

Rosenwasser, Orangenblütenwasser und Alkohol mischen, Honig unterrühren und zum Schluß mit Melissenöl vermischen.
Dieses milde, aromatische Gesichtswasser ist besonders zur Belebung der zarten, leicht ermüdeten Haut zu empfehlen. Es ist hervorragend für die Behandlung der trockenen Altershaut und besonders als Nachreinigung geeignet.

Hamameliswasser mit Honig

50 g Hamamelisblätter und -rinde
¾ l Apfelessig
1 l destilliertes Wasser
3 EL Honig

Hamamelisblätter und -rinde sehr fein hakken und in einer bauchigen Flasche mit dem Essig übergießen. Gut verschlossen ca. 3 Wochen ziehen lassen. Durchfiltern, destilliertes Wasser und Honig zugeben und in braunen Apothekerflaschen kühl aufbewahren.
Hamamelis regt alle Hautfunktionen an, wirkt zusammenziehend und entzündungshemmend. Sie ist besonders wirksam bei schlaffer Haut und schlechter Hautfarbe.

Lavendel-Honig-Wasser

30 g getrocknete Lavendelblüten
100 g Alkohol (50 %)
1 l destilliertes Wasser
2 EL Honig (Lavendelhonig)

Lavendelblüten mit Alkohol übergießen und in einer gut verschlossenen Flasche 4 Wochen an dunklem Ort ziehen lassen. Durchfiltern und die Rückstände auspressen. Lavendelalkohol mit Wasser und Honig sorgfältig vermischen.
Das Wasser ist besonders wirksam bei großen Poren sowie fettiger Haut als Erfrischung, und es hält bis zu 4 Wochen.

Pflegende Cremes und Emulsionen

Die Haut braucht Nahrung, sonst trocknet sie aus, wird faltig und schuppig. Cremes dienen aber auch als Schutz gegen Umwelteinflüsse und als Make-up-Unterlage.
Die hier beschriebenen Cremes sind auf die Pflege normaler Haut abgestimmt, die bei Jugendlichen leicht fettig sein kann, ab dem 30. Lebensjahr zur Trockenheit neigt oder auch Mischcharakter hat. Bei speziellen Hautproblemen (siehe auch Akneheilwirkung Seiten 54–59) sei ein gutes Rezeptbuch für Naturkosmetik empfohlen.
Übrigens, wem es zu mühsam erscheint, die Zutaten selbst zu verschmelzen und anzurühren, wende sich vertrauensvoll an einen Apotheker, der erfreut sein wird, einmal nicht nur als Verkäufer von Fertigpräparaten zu dienen, und auch gern berät.

Einfache Nachtcreme

1 Ei
1 ½ EL Weizenkeimöl
1 ½ EL Honig

Das Ei trennen. Dotter mit Öl und Honig dickcremig rühren, am besten mit dem Handrührgerät. Nun das steifgeschlagene Eiweiß unterheben. Die Masse in ein verschließbares Gefäß füllen und kräftig durchschütteln.
Abends auftragen – eine Waffe gegen Augen- und Halsfältchen. Die Creme klebt etwas.

Feine Orangencreme

35 g frische ungesalzene Butter
10 g Bienenhonig
1 EL frischer Orangensaft
10 g Magermilchpulver

Butter schaumig rühren, den Honig nach und nach zugeben. Orangensaft (ohne Fruchtfleischpartikel) mit dem Milchpulver anrühren und ebenfalls unter die Honigbutter mischen. Diese einfache Creme nährt und strafft die Haut ab dem 30. Lebensjahr. Über Nacht entfaltet sie ihre volle Tiefenwirkung, ist aber auch bei Sonnenbrand oder bei von der Sonne gereizter Haut angebracht.

Hamameliscreme

5 g Bienenwachs
7 g Walrat
5 g Lanolin
45 g süßes Mandelöl
30 g Hamameliswasser
1 Prise Borax
1 TL Honig

Wachs, Walrat, Lanolin und Öl in einem hohen Plastikgefäß im Wasserbad schmelzen. Hamameliswasser erwärmen, Borax und Honig darin auflösen. Die Flüssigkeit in die etwas abgekühlte Fettschmelze mit dem Handrührgerät einmischen und so lange weiterrühren, bis die Creme fest wird. Einige Zeit stehen lassen, nochmals durchrühren und in Cremetöpfchen füllen.
Die geschmeidige Creme eignet sich besonders für leicht irritierbare, zu Entzündungen neigende Haut.

Mandel-Zitronen-Creme

10 g Bienenwachs
10 g Walrat
60 g süßes Mandelöl
1 TL Bienenhonig
1 EL frischer Zitronensaft

Wachs und Walrat in einem hohen Plastikgefäß im Wasserbad schmelzen. Unter Rühren Mandelöl zugeben und so lange weiterrühren, bis die Fettbestandteile erkalten und fest zu werden beginnen. Nun den mit Honig verrührten Zitronensaft untermischen. Die Creme weiterrühren, bis sie homogen ist.
Sie ist für alle Hauttypen und in jedem Alter geeignet.

Lavendel-Schönheitscreme

20 g Lavendelblüten
45 g Lanolin
15 g frische ungesalzene Butter
15 g süßes Mandelöl
10 g Bienenhonig

Lavendelblüten mit ⅛ l sprudelnd kochendem Wasser übergießen, 25 Minuten bedeckt ziehen lassen, dann abfiltern und den Blütenrückstand auspressen. Lanolin im Wasserbad schmelzen, vom Feuer nehmen und Butter sowie Mandelöl einrühren. Bis zum Erkalten weiterrühren. Kurz vorher das erwärmte, mit Honig vermischte Lavendel-

wasser zufügen. Dann rühren, bis die Masse cremige Konsistenz hat.
Lavendelcreme belebt, kräftigt und ist auch bei unreiner oder leicht irritierbarer Haut zu empfehlen.

Honig-Kräuter-Creme

10 g Eibischwurzel
5 g Schafgarbe
5 g Kamille
5 g Huflattich
25 g Lanolin
25 g süßes Mandelöl
15 g Weizenkeimöl
10 g Bienenhonig

Die Kräuter fein zerreiben und mischen. Mit 1 Tasse kaltem Wasser aufsetzen, 10 Minuten stark kochen lassen und abgedeckt erkalten lassen. Dann filtern und die Kräuterrückstände auspressen. Lanolin in einem hohen Plastikgefäß im Wasserbad schmelzen, Mandel- und Weizenkeimöl unterrühren. Den Kräutertee leicht erwärmen, Honig untermischen und zur Fettschmelze geben. Bis zum Erkalten weiterrühren. Die Honig-Kräuter-Creme in Porzellantöpfchen verschlossen kühl aufbewahren.
Diese ausgewogene Creme heilt, pflegt und beruhigt empfindliche, leicht entzündliche, rauhe, rissige Haut. Sie ist als Regenerationscreme für die alternde Haut geeignet.

Pflege für die rauhe Haut

2 EL Honig
1 EL Zitronensaft

Honig leicht erwärmen und mit Zitronensaft verrühren.
Diese Mischung auf rauhe Hautstellen an Ellenbogen, Knien oder Fersen aufpinseln. Sie sollte dabei noch warm sein. 20 Minuten einwirken lassen, abwaschen und anschließend Öl oder Fettcreme einmassieren.

Pflege für aufgesprungene Hände

1 TL Honig
20 g Glyzerin
½ l Kamillenaufguß

Honig und Glyzerin verrühren, mit dem warmen, durchgefilterten Kamillenaufguß in eine verschließbare Flasche füllen und kräftig durchschütteln. Diese Mischung hält sich lange, sie sollte vor Gebrauch kräftig durchgeschüttelt werden.
Bei Bedarf, möglichst vorbeugend nach jedem Abwasch und Putzen, einmassieren.

Masken, Packungen und Kompressen

Diese Art der Hautpflege erfordert etwas Zeit, ist aber eine besondere Wohltat – auch für die Seele, denn die wird durch die Entspannung gleich mitgesalbt. Man staunt immer wieder über die gute Wirkung solcher Packungen. Durch das Auftragen der Masse werden die Poren bedeckt, teils geschlossen. Vermehrte Blutzufuhr strömt diesen Hautpartien zu, die Muskeln straffen sich darunter. Das Gewebe wird elastischer, und die Poren sondern Hautverunreinigungen ab. Der Teint wird frisch und klar.
Erster Schritt ist eine gründliche Reinigung der Haut, damit alle Vitalstoffe, Vitamine und pflegende Substanzen ungehindert eindringen können. Achten Sie auch auf bequeme, leichte Kleidung, und richten Sie sich ein gemütliches Lager. Nach Auflage der Maske sollen Sie nämlich 20 bis 40 Minuten ruhen. Dabei können Sie Yoga-Entspannung oder autogenes Training üben, aber nicht lesen oder fernsehen, allenfalls Ihre Lieblingsmusik darf Sie begleiten.
Achtung, Männer: Masken und Kompressen – wie auch die übrige Naturkosmetik – tun durchaus nicht nur weiblichen Wesen gut!

Für normale und trockene Haut

Apfel-Bienenhonig-Maske

1 Apfel
1 EL Bienenhonig

Den Apfel feinreiben, Bienenhonig unterrühren und das Gemisch auf die gereinigte Haut von Gesicht, Hals und Dekolleté auftragen. Die Maske soll 25 Minuten einwirken. Mit lauwarmem Wasser abwaschen.
Diese Maske erfrischt und nährt, stärkt und tonisiert.

Apfel-Hafermark-Maske

1 Apfel
1 TL Bienenhonig
1 EL Hafermark
1 EL Mandel- oder Avocadoöl

Den Apfel waschen und mit der Schale auf einer feinen Glasreibe zu Brei reiben. Bienenhonig unterrühren und Hafermark zufügen. Die Haut reinigen und mit Mandel- oder Avocadoöl einreiben. Darauf die Maske auftragen. 30 Minuten einwirken lassen und mit lauwarmem Wasser abwaschen.
Sie wirkt vor allem bei trockener, fahler, unterernährter Haut sehr gut.

Bananenmaske à la Vidal Sassoon

1 Banane
1 EL Honig

Banane gut abwaschen. Das Fruchtfleisch mit der Hälfte der zerschnittenen Schale im Mixer zu Brei verarbeiten, Honig einrühren. Auf Gesicht, Hals und Dekolleté verstreichen. 30 Minuten einwirken lassen, dann mit lauwarmem Wasser abwaschen.
Sie hilft bei trockener, spröder Haut.

Gurkenkompresse

½ Salatgurke
1 EL Honig

Salatgurke schälen und raspeln. Den entstandenen Brei mit Honig verrühren und auf Gesicht, Hals und Dekolleté verteilen. Mit einem zarten Mulltuch abdecken und 30 Minuten einwirken lassen.
Wenn Sie diese Kompresse mit Mineralwasser abspülen, wirkt sie besonders erfrischend – im Sommer oder auch nach einer durchfeierten Nacht.

Himbeerkompresse

1 Handvoll frische Himbeeren
2 EL süße Sahne (oder Rahm)
1 TL Honig

Himbeeren zerdrücken und mit Sahne verrühren. Bienenhonig untermischen. Auf Gesicht und Hals auftragen, mit einer feuchten, warmen Kompresse abdecken und nach 20 Minuten mit lauwarmem Wasser abwaschen.
Sie wirkt nährend und glättend bei trockener, empfindlicher Haut.

Eigelbmaske

1 Eigelb
1 TL Bienenhonig
einige Tropfen Olivenöl

Zutaten verquirlen, mit einem Pinsel auf Gesicht und Hals auftragen und 20 Minuten einwirken lassen, dann mit warmem Wasser abspülen.
Die Maske wirkt nährend und glättend bei trockener, empfindlicher Haut.

Honigbreimaske

2 EL Bienenhonig
2 EL Gerstenmehl
1 Eiweiß

Bienenhonig leicht erwärmen, mit Gerstenmehl und Eiweiß vermischen und auf Gesicht und Hals die noch warme Maske auftragen. 30 Minuten ziehen lassen, mit warmem Wasser abwaschen und kalt nachspülen.
Die Maske wirkt nährend und straffend. Sie ist als Straffung gegen Falten gut geeignet, sollte aber nicht zu oft angewendet werden.

Quarkmaske für müde Haut

3 EL Quark
1 Eigelb
1 EL Honig
1 TL Zitronensaft
Milch

Alle Zutaten in der angegebenen Reihenfolge zu einer homogenen Masse verrühren. Messerrückendick auf die gereinigte Haut auftragen. 20 bis 30 Minuten einwirken lassen. Mit einem milchgetränkten Wattebausch entfernen. Gesicht, Hals und Dekolleté mit kaltem Wasser abduschen, anschließend eine beruhigende Creme auftragen.
Diese Maske ist eine Wohltat für die von trockener Heizungsluft im Winter grau und schlaff gewordene Haut.

Quark-Honig-Packung

2 EL Quark
1 EL Bienenhonig
einige Tropfen süßes Mandelöl (bei sehr trockener Haut)

Quark mit Honig und evtl. Mandelöl verrühren. 30 Minuten auf Gesicht, Hals und Dekolleté einwirken lassen.
Die Packung wirkt erfrischend und glättend bei trockener und spröder Haut.

Schwedische Schönheitspackung

3 EL Quark
1 EL süße Sahne
1 EL Bienenhonig

Quark mit Sahne und Honig verrühren, auf Gesicht, Hals und Dekolleté streichen und 30 Minuten einwirken lassen.
Die Packung wirkt reinigend und glättend und wird von jeder Haut gut vertragen.

Honig-Gelee-Straffungsmaske

3,5 g Gelatinepulver
30 g Rosenwasser
20 g destilliertes Wasser
15 g Bienenhonig

Gelatine mit einem Drittel des Rosenwassers übergießen und quellen lassen, das restliche Rosenwasser zugeben und im Wasserbad erwärmen, bis die Mischung sich verflüssigt. Destilliertes Wasser und Honig verrühren, ebenfalls leicht erwärmen. Die Mischungen zusammenrühren und gelieren lassen. Sobald die Mischung fest wird, dünn auf Hals und Gesicht streichen, nach 30 Minuten mit warmem Wasser abspülen, kalt nachwaschen.
Die Herstellung dieser Maske ist etwas umständlich, die angegebenen Mengen sind deshalb für mehrmaligen Gebrauch gedacht. Die Mischung kühl lagern und vor Gebrauch im Wasserbad leicht erwärmen. Sie ist gut verträglich für jede Haut.

Honig-Mandel-Maske

2 EL Mandelkleie
1 TL Bienenhonig
1 EL süße Sahne
1 Eigelb

Alle Zutaten vorsichtig zu einer cremigen Masse rühren. Mit einem Spatel oder Pinsel auf die gereinigte Haut von Gesicht, Hals und Dekolleté auftragen und mindestens 20 Minuten einwirken lassen. Mit warmem Wasser oder Lindenblütentee abwaschen.
Die Maske wirkt nährend und glättend, außerdem auch beruhigend und besänftigend bei rauher, fleckiger, irritierter Haut.

Für fettige und unreine Haut (siehe auch Akneheilwirkung Seiten 54–59)

Honig-Eiweiß-Maske

1 Eiweiß
3 EL Honig
ungebleichtes Weizenmehl

Eiweiß zu Schnee schlagen, Honig unterrühren und mit ungebleichtem Weizenmehl zu einem Brei rühren. 30 Minuten auf Gesicht und Hals einwirken lassen, mit kaltem Wasser abspülen.
Die Maske wirkt klärend und straffend.

Alkoholkompresse

100 g cremiger Honig
25 g reiner Alkohol
25 g destilliertes Wasser
Mandelöl

Honig, Alkohol und Wasser verrühren, auf die gereinigte, mit dem Mandelöl eingeriebene Haut auftragen. Dazu nimmt man am besten einen Pinsel. 20 Minuten einwirken lassen, dann mit lauwarmem Wasser abnehmen. Anschließend Gesichtswasser anwenden.

Honig-Glyzerin-Maske

25 g Glyzerin
10 g süßes Mandelöl
35 g Rosenwasser
20 g Honig

Im heißen Wasserbad Glyzerin und Mandelöl zusammenrühren. Rosenwasser erwärmen, Honig darin auflösen und die Flüssigkeit noch warm mit der Fettschmelze vermischen. Auftragen und 20 Minuten einwirken lassen. Danach mit kaltem Wasser abnehmen und eine leichte Creme auftragen.
Diese Maske ist besonders zu empfehlen, wenn man nach einem anstrengenden Tag rasch wieder frisch aussehen will. Sie ist besonders für die reifere Haut gedacht.
Reste, in einem braunen Apothekerfläschchen aufgehoben, halten sich eine Weile.

Malvenkompresse

20 g Malventee
1 EL Honig

Malventee mit kochendem Wasser überbrühen und etwas ziehen lassen. Durchsieben und die warme Flüssigkeit mit Honig vermischen. Leinen- oder Mulltücher mit dem Tee tränken und auf die gereinigte Haut von Gesicht, Hals und Dekolleté legen. 30 Minuten einwirken lassen, nicht abwaschen und anschließend eine nährende Creme leicht einklopfen.
Diese Kompresse wirkt gefäßverengend und stärkend bei Hautausschlägen, auch bei erweiterten Äderchen.

Spezialpflege nach dem Sonnenbad

Ein gebräunter Teint wirkt sportlich und gesund. Intensive Sonnenbestrahlung – auch die künstliche von der Sonnenbank – trocknet aber die Haut aus und führt zu frühzeitiger Faltenbildung. Wenn Seewasser und Wind zusätzlich strapazieren, sieht die Haut zwar braun, aber wie gegerbtes Leder aus. Ein wenig Pflege macht sie wieder zart und glatt.

Teint-Mayonnaise

1 EL süßes Mandelöl
1 Eigelb
1 EL Honig

Alle Zutaten gut miteinander verrühren. Mit dem Pinsel oder einem Holzspatel auf die gereinigte Haut auftragen. Dabei je nach Sonneneinstrahlung auch Brüste und Innenseiten von Armen und Oberschenkeln mit in die Behandlung einbeziehen. 30 Minuten einwirken lassen, dann warm abduschen.

Weizenkeimmaske

1 Eigelb
1 EL Honig
1 EL Weizenkeimöl
2 EL Weizenkeimflocken

Alle Zutaten gut verrühren und auf den sonnenstrapazierten Hauptpartien verreiben. 30 Minuten einwirken lassen, dann möglichst mit Mineralwasser abwaschen. Wirkt regenerierend und erfrischt für den Sommerabend.

Baden in Honig

Spitze Zungen unter den Gegnern des Badens behaupten, man spüle sich dabei nur den Schmutz von den Füßen an den Hals. Im Zeichen der Energieeinsparung ist Duschen wegen des geringeren Verbrauchs von heißem Wasser dem Wannenbad sicher vorzuziehen. Aber das Baden hat seit jeher eine größere Bedeutung als nur die der Körperreinigung.

Die Geschichte des Bades erzählt viel über Kultur und Sitten der Völker. Man denke nur an die römischen Thermen der Kaiserzeit, diese riesigen, technisch hervorragend ausgestatteten Anlagen mit Schwimmbecken, lauwarmem Luftbad, Schwitzbad, Heiß- und Kaltwasserbädern, in denen Ärzte und Masseure wirkten und die mit ihren Bibliotheken, Museen und Unterhaltungsräumen Mittelpunkt gesellschaftlichen und kulturellen Lebens waren.

Als bekanntester Verfechter der heilenden, therapeutischen Kraft des Wassers und des Bades ist der Wörishofener Pfarrer Sebastian Kneipp (1821 bis 1897) zu nennen. Er schrieb: »Das Wasser erfrischt und belebt auch die Körperteile, welche alle zivilisierten Menschen täglich zu reinigen gewohnt sind. Sollte dies nicht ein Fingerzeig für den Menschen sein, daß das Wasser ebenso geeignet sein dürfte, die krankhaften Stoffe aus dem Körper auszuleiten, auszuwaschen, den Körper in seiner Gesundheit zu erfrischen, zu beleben und zu stärken, den gesunden wie den kranken?«

Wer nun darin eine Bestätigung sieht, sich stundenlang in der Badewanne zu aalen, dabei gar noch zu lesen, fernzusehen oder Musik zu hören, sei gewarnt. Warmes Wasser, das länger als 15 bis 20 Minuten auf die Haut einwirkt, entzieht ihr Fett, macht sie trocken und spröde. Davor schützen auch Badezusätze nicht, schon gar nicht diejenigen, die zwar wunderbar schäumen und auch herrlich duften, aber – wie teilweise in der Werbung angepriesen – dazu verhelfen, daß nicht einmal ein Rand in der Wanne zurückbleibt.

Gönnen Sie Ihrer Haut lieber ein wenig Natur; Kräuter und Blüten duften nicht nur, sondern haben auch heilsame Wirkung, Milch und Öl pflegen, Honig fügt wichtige Stoffe zu, entspannt und strafft gleichermaßen.

Tip: Leitungswasser ist meist hart, deshalb 1 Handvoll Borax in die Wanne geben. Nach jedem Bad kalt oder zumindest lauwarm duschen.

Einfaches Honigbad

Dem 37 bis 39 Grad warmen Wasser wird 1 Tasse Bienenhonig zugefügt. Er löst sich völlig auf und hinterläßt auch keinen klebrigen Film auf der Haut, wohl aber einen zarten Duft. Badet man abends, beruhigen sich die Nerven, und der anschließende Schlaf ist wohltuend.

Milchbad à la Kleopatra

Für eine gefüllte Wanne rechnet man 1 ½ l Milch und 1 ½ Tassen Honig. 15 bis 20 Minuten Badedauer in 36 bis 39 Grad warmem Wasser verschafft eine zarte Babyhaut und aufregend glänzende Schultern.

Schönheitsbad à la George Sand

Die Schriftstellerin Aurore Baronin Dudevant, die unter ihrem Pseudonym George Sand weltberühmt wurde, pflegte regelmäßig ein Bad zu nehmen, das ihre nicht weniger berühmte Haut wunderbar geschmeidig machte: 300 g Meersalz, ¼ l Sahne und 2 Tassen Honig ins warme Badewasser geben und auflösen. Sie werden nicht nur die Viertelstunde Badedauer, sondern auch die Wirkung als wohltuend empfinden.

Honig-Milch-Bad à la Ninon de l'Enclose

Die bereits in der Einleitung erwähnte französische Marquise hatte ein anderes Rezept: 500 g Salz zur Entschlackung der Haut in die trockene Badewanne geben und warmes Wasser darauflaufen lassen. Derweil 1 l Milch erwärmen und 1 Tasse Honig darin auflösen, die Mischung ins Badewasser rühren und 15 bis 20 Minuten darin entspannen.
Das wirkt erfrischend für einen turbulenten Abend, kann aber auch vor dem Schlafengehen genossen werden. Bei trockener Haut weniger Salz und mehr Milch nehmen!

Öl-Buttermilch-Bad für trockene Haut

Vor dem Baden den ganzen Körper mit Oliven- oder Mandelöl einreiben, dabei besonders rauhe Hautstellen, Ellenbogen und Fersen massieren. 3 l Buttermilch und 1 ½ Tassen Honig ins warme Badewasser geben. Der Ölfilm wäscht sich darin ab, die Milchsäure stabilisiert den Schutzmantel der Haut. Dieses Bad ist besonders für Schwangere zu empfehlen, die ihren Bauch zur Vorbeugung der berüchtigten Streifen auch mit Weizenkeimöl massieren können.

Orientalisches Luxusbad

Nofretete mag Esels-, Kamel- oder Stutenmilch genommen haben, aber normale Kuhmilch tut's auch. 1 l Milch und 1 Tasse Blütenhonig werden im warmen Badewasser verrührt. Dazu kommen 2 EL Pollen und Duftessenzen nach Ihrer Wahl. Naturöle aus den verschiedensten Grundstoffen sind in Bioläden erhältlich: Amber, Gewürznelke, Sandelholz, Patchouli, Orchidee oder Zentifolie. Wenige Tropfen genügen.

Außer seinem betörenden Duft weist das Bad noch biologische Aktivstoffe auf, wie Eiweiß, Fett, Kohlehydrate, Vitamine, Mineralien, Hormone und Spurenelemente. Es erfrischt und ersetzt verlorengegangene Energie. Übrigens: Die Duftkomponenten desodorieren auf natürliche Weise, so daß schädliche Sprays unnötig werden.

Kräuterbad

Lindenblüten, Kamille, Pfefferminze, Rosmarin, Fenchel, Heublumen, Lavendel und Salbei – von jedem ½ Handvoll – werden mit kochendem Wasser übergossen und 1 Stunde bedeckt stehen gelassen. Den Sud in das mit 1 ½ Tassen Honig vermischte warme Badewasser seihen, Kräuter dabei auspressen.

Dieses Bad belebt erschlaffte Haut und Lebensgeister. Es fördert die Durchblutung und reinigt die Poren.

Kleiebad

Die heilende und pflegende Wirkung der Weizenkleie war schon unseren Urgroßmüttern bekannt. 250 g Kleie werden in ein Leinensäckchen gefüllt und in das mit 1 Tasse Honig vermischte Badewasser gehängt. Man kann die Weizenkleie auch heiß überbrühen und durch ein feines Sieb ins Wasser geben.

Das Kleiebad reinigt mild, ist gut gegen entzündliche Haut und eignet sich auch hervorragend zur Säuglings- und Kinderpflege.

Honig zur Haarpflege

Schönes, volles, glänzendes, gut frisiertes Haar ist für Eva und Adam gleichermaßen erstrebenswert. Dazu ist eine systematische Pflege sowohl von außen als auch von innen unerläßlich. Färben, Dauerwellen, Trockenhauben und Fön, aber auch Sonnen- und Seewassereinflüsse strapazieren die Substanz des Haares, machen es trocken, spröde und brüchig.
Jede Frau weiß, daß mit den monatlichen Hormonschwankungen auch ihr Haar reagiert. Viele Männer haben mit dem meist unausweichlichen, aber doch verzögerbaren Haarausfall – sprich: Glatzenbildung – zu kämpfen. Die persönliche Haarstruktur, ob fein oder drahtig, glatt oder kraus, hängt vom Typ ab und läßt sich kaum verändern. Dennoch sind die den Haarschaft aufbauenden Wurzeln und die Kopfhaut dankbare Aufnehmer für pflegende Präparate.
Von innen ist wie für die Haut auch für das Haar eine vollwertige Ernährung grundlegend, die alle wichtigen Wirkstoffe enthält, also Vollkornprodukte, frisches Gemüse, Salate, Obst, Seefisch, Leber, Eier und Milch in jeder Form. Der amerikanische Schönheitspapst Gayelord Hauser empfiehlt 1 l Joghurt täglich, dazu 1 EL Bierhefe, ½ Tasse Weizenkeime, Jod in Form von grünem Algenpulver – und außerdem: keine Wunder zu erwarten.

Hauser-Brühe für Haar und Haut

1 Tasse gehackten Staudensellerie mit Blättern, 1 Tasse gehackte Karotten, ½ Tasse feingewiegten Spinat, 1 EL gehackte Petersilie, 1 Tasse Tomatensaft und 1 TL Meersalz in 1 l Wasser ½ Stunde sanft kochen. Die Brühe durchseihen, mit Honig süßen und über den Tag verteilt trinken.

Reinigung und Pflege

Grundbedingung für schönes Haar ist Sauberkeit und gute Durchblutung der Kopfhaut. Die berühmten hundert Bürstenstriche täglich reinigen das Haar von Staub und massieren den Haarboden. Nur Naturborsten verwenden, weil andere Materialien das Haar aufreißen können. Bei vornüber geneigtem Kopf gegen den Strich bürsten, dann genießt auch das Gesicht die vermehrte Durchblutung. Lieber öfter, aber mit ganz sanften Mitteln waschen.

Eishampoo ohne Seife

2 Eigelb und 1 Eiweiß mit dem Saft von ½ Zitrone und 1 TL Honig gut verquirlen. Die Menge teilen und eine Hälfte in das angefeuchtete Haar massieren, kurz einwirken lassen und ausspülen. Mit der zweiten Hälfte ebenso verfahren, nun aber sehr gründlich spülen, damit keine Eireste im Haar bleiben.
Diese sehr milde Reinigung ist für jedes Haar geeignet und kann häufig angewandt werden. Auf üppigen Schaum muß man allerdings verzichten. Bei sehr trockenem Haar kann der Shampoomischung ½ TL Öl beigegeben werden. Für extrem fettiges Haar empfiehlt sich eher ein schwefelhaltiges Shampoo aus der Apotheke, das mit Eigelb und Honig angereichert wird.

Packungen mit Ei und Öl

Regelmäßige Nährpackungen nützen auch gesundem, kräftigem Haar, sind aber unerläßlich, wenn Färbung oder Dauerwellen das Haar angegriffen haben. Bei Spliß sollte man vor jeder Haarwäsche die Haarspitzen mit einer Mischung aus Oliven-, Mandel-, Avocado- oder Klettenwurzelöl einreiben.
Packungen werden auf das einmal gewaschene Haar aufgetragen und müssen möglichst unter leichtem Wärmeeinfluß mindestens 40 bis 60 Minuten einwirken. Dann ausspülen, Haar noch einmal waschen und wiederum gründlich spülen.

Eidotterkur für fettiges, strähniges Haar	2 Eigelb mit 1 EL Honig verrühren, ins Haar massieren und einwirken lassen.
Ölpackung	Weizenkeim-, Rhizinus-, Mandel-, Klettenwurzel- oder Olivenöl leicht erwärmen, mit 1 EL Honig verrühren und auf Haar und Kopfhaut massieren.
Glanznährpackung *½ Tasse Oliven- oder Mandelöl* *½ TL Lanolin* *1 TL Kamillenblüten* *1 TL getrocknete Brennesseln* *1 TL getrocknete Birkenblätter* *1 Eigelb* *1 EL Honig* *etwas Zitronensaft*	Öl und Lanolin im heißen Wasserbad zusammenschmelzen. Die getrockneten Kräuter zufügen und ½ Stunde im heißen Wasserbad ziehen lassen, dann durch ein feines Haarsieb streichen. Eigelb mit Honig und Zitronensaft verrühren, die Mischung in das etwas abgekühlte Kräuteröl geben. Die Packung ins Haar massieren und mindestens 1 Stunde einwirken lassen. Dann auswaschen, indem die Packung als erstes Shampoo verwendet wird. Bei der zweiten Wäsche ein mildes Shampoo benutzen.

Heilen mit Bienenhonig

Eine kleine Taube brachte dem Knaben Zeus einen Schnabel voll Honig und damit das ewige Leben. Und Zeus wurde zum mächtigsten der Götter in der griechischen Mythologie!

Sehr real ist der griechische Arzt Hippokrates (um 460 v. Chr.), dessen Eid auf wissenschaftliches Denken, vereint mit ärztlicher Erfahrung, Beobachtungsgabe, Kritik, ärztlicher Kunst und hohem menschlichen Ethos noch heute für Mediziner Gültigkeit hat. Er empfahl Honig allen, die sich ein langes Leben wünschen. Die olympischen Sportler zogen aus dem Bienennektar rasch frische Energie für Höchstleistungen.

»... ein Land von Brot und Weinbergen, ein Land von Öl und Honig – so werdet ihr am Leben bleiben und nicht sterben.« (2. Buch der Könige.) »Sehet, wie munter meine Augen geworden, nun da ich einen Mundvoll Honig genossen habe.« (2. Buch Samuel.) Diese Verse aus den Büchern der Propheten im Alten Testament sind nur zwei von vielen Hinweisen der Bibel auf Honig – gleichsam als Synonym für Lebenskraft. Der bekannteste ist wohl die Verheißung des Gelobten Landes – in dem Milch und Honig fließen.

Als Vertreter des Neuen Testamentes sei Johannes der Täufer genannt, der sich in der Wüste hauptsächlich von Honig ernährte. Und der Koran nimmt sich der Biene an, als dem einzigen Geschöpf, dem sich Allah jemals gewidmet hat. Sein Prophet Mohammed preist den Honig als Heilmittel für alle Krankheiten:

»... aus ihren (der Bienen) Leibern kommt ein Trank, verschieden an Farbe, in dem eine Arznei ist für Menschen. Siehe, hierin ist wahrlich ein Zeichen für nachdenkende Menschen!« (Koran, 16. Sure.)

Als der römische Kaiser Augustus (63 v. Chr. bis 14 n. Chr.) einmal mit einem Mann namens Romilius Polion speiste, befragte er den weit über hundertjährigen Greis nach dem Grund seiner Rüstigkeit. »Iß Honig, und salbe deinen Körper mit Öl!« war der Rat des Weisen. Wie diesen Beleg von allerhöchster Stelle gibt es mannigfache Beweise dafür, daß Honig auch den Rö-

mern als Gesundbrunnen galt. Sie verbrauchten ohnedies zum Wein und zu ihren berühmten Gelagen so gewaltige Mengen Honig, daß er knapp wurde im Riesenreich und sich nur noch die Wohlhabenden an der Kostbarkeit erlaben konnten.
Ungeschrieben und doch überliefert ist die Verwendung von Honig durch die Kräuterweiblein, Heilkundigen und weisen Frauen, die seit der Steinzeit bis hin in moderne Geschichtsepochen diejenigen waren, die Kranken und Siechen aus dem gemeinen Volke Hilfe bringen konnten; wie der Bauernsohn Vincenz Prießnitz (1799 bis 1851), der bei der Behandlung von Krankheiten mit Waschungen, Umschlägen, Wassertrinkkuren und Diät so viel Erfolg hatte, daß die Kranken in Scharen in seine Heimatstadt Gräfelberg (Schlesien) strömten und sich ein regelrechter Kurbetrieb entwickelte. Prießnitz behauptete: »Alles, was heilbar ist, kann durch Honig und Kräuter geheilt werden.«
Jahrhunderte bevor medizinische Forschung die Ursachen und Zusammenhänge aufdeckte, wurde Honig in der Volksmedizin zur Behandlung von Mangelkrankheiten wie Rachitis und Skorbut eingesetzt. Als Stärkungsmittel gab man ihn blutarmen Mädchen, Säuglingen, die nicht wachsen wollten, schwangeren und stillenden Frauen, alten und langsam genesenden Menschen. Vor der Entdeckung des Penicillins stand allein Honig als antibiotisch wirkendes Mittel zur Verfügung bei entzündlichen Erkrankungen der Atemwege, des Verdauungstraktes, bei Geschwüren und eiternden, schlecht heilenden Wunden und Brandverletzungen.
Leute, die an Heuschnupfen litten, sollten Honigwaben aus der Umgebung kauen, obwohl – oder weil? – diese die reizerzeugenden Pollen enthalten. Honig wurde als Antiallergen verwandt, lange bevor das Wort Allergie bekannt und in aller Munde war!
Heute, im Zeitalter der Umweltverschmutzung, sind natürliche Heilmittel gefragter denn je zuvor. Uns zivilisationsgeschädigten Menschen ist der Glaube an die Wunder der Chemie gründlich vergangen. Zahlreiche Arzneimittelskandale mit zum Teil furchtbaren Auswirkungen dienen dazu, das Mißtrauen gegen die auch für Fachleute unübersehbare Flut von Präparaten, Pillen und Tabletten aus der gigantischen pharmazeutischen Industrie zu schüren.
Die heilende, lindernde, keimtötende, stärkende Wirkung des Bienenhonigs wird von modernen Ärzten und Wissenschaftlern nicht in Frage gestellt. Selbstverständlich kann und soll Honig im Falle einer schweren akuten Erkrankung die vom Arzt verordneten Medikamente nicht ersetzen. Hier soll keinesfalls dazu ermuntert werden, ohne kompetente Diagnose monatelang auf eigene Faust herumzudoktern! Die im folgenden beschriebenen Heilanwendungen mit Honig vermögen aber die ärztliche Therapie wirksam zu un-

terstützen und somit die Menge der erforderlichen Arzneimittel auf ein Mindestmaß zu reduzieren.
Honig kann jedenfalls nicht schaden. Er ist leicht verdaulich, trotz seines Säuregehaltes auch für empfindliche Mägen verträglich, und er ruft selbst in Kombination mit chemischen Präparaten keine Nebenwirkungen hervor. Medizin mit Honig schmeckt süß – ein Vorteil, der besonders bei Kindern unschätzbar ist. Gleichzeitig beinhaltet die Süße des Honigs aber die einzige Gegenanzeige: Im Falle von »Diabetes mellitus« ist Honig kontraindiziert. Mit anderen Worten: Zuckerkranke dürfen wegen des Glucoseanteils keinen Honig zu sich nehmen, es sei denn, der Arzt befürwortet maßvolle Honiggaben ausdrücklich.
Kleiner Trost für Diabetiker: Für äußerliche Anwendungen, auch Inhalationen, und als Schönheitsmittel steht ihnen Honig zur Verfügung!

Vorbeugen ist besser als Heilen
Trotz des bereits erwähnten Mißtrauens gegen die Errungenschaften der Pharmazie ist uns bei kleinen Unpäßlichkeiten der Griff zur Tablette durchaus geläufig. Es erscheint so einfach, man muß nur schlucken, und schon ist alles wieder gut! Aber ehe man es sich bewußtmacht, hat man sich schon daran gewöhnt, zum Beispiel täglich ein Abführmittel einzunehmen, das die Darmflora zerstört und schließlich eine natürlich geregelte Verdauung gänzlich unmöglich macht. Wobei damit nur eine vergleichsweise harmlose Form der Abhängigkeit beschrieben ist. Die Gewöhnung an Schmerz- oder Schlafmittel kann weit Schlimmeres zur Folge haben.
Auch die allenthalben zu beobachtende Methode, aufkeimende Erkältungen mit Tabletten zu bekämpfen, ist eine Möglichkeit, mit Kanonen auf Spatzen zu schießen. Der angerichtete Schaden überwiegt den Nutzen.
Honig als ständiger Teil der täglichen Ernährung verhindert Beschwerden von vornherein, ganz gemäß einem der Grundsätze des in der modernen medizinischen Therapie bahnbrechenden Arztes Paracelsus (1494 bis 1541): »Laßt unsere Nahrungsmittel Heilmittel und unsere Heilmittel Nahrungsmittel sein.«
Und wenn dann doch eine Migräne in den Schläfen klopft, Halsschmerzen das Sprechen unmöglich machen oder Streßsymptome den dringend notwendigen Schlaf fernhalten – Honig ist ein Mittel, an das man sich schadlos halten kann.

Anwendungen von A = Akne bis Z = Zahnfleischentzündung

Akne

Unter unreiner Haut leiden die meisten Jugendlichen während der Entwicklungsjahre. Beim einen sind es nur ein paar gelegentlich auftretende Pickel, beim anderen handelt es sich um andauernden eitrigen Hautausschlag. Schwere Fälle von Akne gehören stets in ärztliche Behandlung. Die hier beschriebenen Anwendungen sind dann eine wirksame Unterstützung der medizinischen Maßnahmen.
Unreine Haut auf die leichte Schulter zu nehmen, ist in jedem Fall sträflicher Leichtsinn, denn jeder Pickel, zumal wenn er ausgedrückt wird, hinterläßt eine häßliche kleine Narbe.
Da Akne von innen kommt, fängt die Behandlung auch innen an, nämlich bei der richtigen Ernährung. Verboten sind: fettes Fleisch, alle stark geräucherten, gewürzten oder scharf gebratenen Speisen, scharfer Käse, blähende Hülsenfrüchte und Kohl, Essiggemüse und Senf. Möglichst keine Weißmehlprodukte (Brötchen, Toast, Zwieback, Kuchen); verzichten auch auf Kaffee, Alkohol und Nikotin.
Erlaubt sind: Mageres Fleisch und Fisch, möglichst gekocht oder gedünstet, Gemüse, frische Salate, Obst, alle Milchprodukte wie Joghurt, Quark, Frischkäse, Milch, Butter. Auch Eier sind gestattet und zu alldem viel Vollkornbrot oder andere Vollgetreideprodukte.
Streng verboten sind Zucker und alle Süßigkeiten – auch die versteckten Zuckeranteile in Fruchtjoghurt und ähnlichem bitte meiden. Reichlich genossen werden darf dagegen Bienenhonig, der mit seinem entzündungshemmenden Inhibin die Heilung fördert und alle nötigen Wirkstoffe zur Vorbeugung weiterer Ausschläge besitzt.
Zweite Maßnahme für die Aknebekämpfung von innen ist eine Kur mit aromatischem Kräutertee, zum Beispiel 1 Liter Brennesseltee mit Honig abgeschmeckt über den ganzen Tag verteilt trinken.

Spezialtee gegen unreine Haut

1 EL Brombeerblätter
1 EL Brennesselblätter
1 EL Erdbeerblätter
1 EL Löffelkraut
1 ½ EL Löwenzahnwurzel
1 EL Stiefmütterchen
1 EL Schafgarbe
½ EL Tausendgüldenkraut
1 EL Walnußblätter
1 ½ Zichorienwurzel

Von dem Gemenge nimmt man 1 EL voll auf eine große Tasse kochendes Wasser und läßt dies 8 bis 10 Minuten ziehen. Der Tee ist mehrmals täglich mit Honig und Zitronensaft zu trinken.
Er wirkt blutreinigend.

Außerdem ist für viel Schlaf und ausreichende Bewegung an der frischen Luft zu sorgen.
Alle weiteren Mittel unterstützen die Heilung von außen und sind preiswert selbst herzustellen.

Zur Reinigung

Honigseife

150 g gelbes Bienenwachs
60 g weiße Babyseife
20 g süßes Mandelöl
50 g Rosenwasser
1 EL Bienenhonig

Wachs und feingeschnitzelte Seife im heißen Wasserbad zusammenschmelzen. Das Mandelöl und das erwärmte Rosenwasser unterrühren. Die Masse vom Feuer nehmen, unter Rühren kurz vor dem Erkalten den Bienenhonig untermischen. Kleine runde Bällchen formen und in Seidenpapier einschlagen.
Die Seife ist nährend und pflegend.

Honig-Mandel-Paste

2 EL Honig
2 EL Mandelmus
2 EL Seesand-Mandelkleie (Pulver)

Alles gut miteinander verrühren. Die Paste mit den Fingerspitzen in kleinen kreisenden Bewegungen sanft auf Gesicht und Hals, gegebenenfalls auch auf Dekolleté und Nacken verteilen. Antrocknen lassen, dann mit lauwarmem Wasser ebenso sanft abspülen. Ist die Haut sehr empfindlich oder sind Pickel und Mitesser entzündet, besser Mandelkleie ohne Seesand verwenden.
Die Paste schleift verhornte Hautschichten ab. Anschließend Pflegemilch oder Creme auftragen und möglichst ruhen.

Bienenhonig-Lilien-Milch

1 Lilienzwiebel
50 g süßes Mandelöl
25 g Lanolin
10 g Walrat
25 g weißes Bienenwachs
75 g Rosenwasser oder Orangenblütenwasser
10 g Bienenhonig

Die Lilienzwiebel roh ganz fein wiegen. Das süße Mandelöl erhitzen und darübergießen. In einem verschließbaren Porzellan- oder Glasgefäß 5 Tage ziehen lassen. Lanolin, Walrat und Bienenwachs in einem hohen Plastiktopf im heißen Wasserbad unter Rühren zusammenschmelzen. Dann unter ständigem Rühren das Lilienzwiebel-Mandelöl-Gemisch zufügen. Rosen- oder Orangenblütenwasser und Honig separat leicht erwärmen und langsam unter Rühren zur Fettschmelze geben. Die Honig-Lilien-Milch muß bis zum Erkalten weitergerührt werden.
Die sanft klärenden, nährenden Eigenschaften der Lilie machen diese Milch zu einer milden Pflege für die unreine, zu Pickeln und Mitessern oder Pusteln neigende Haut jeglichen Typs und Alters.

Zur Erfrischung

Honig-Hamamelis-Lotion

250 ml Hamameliswasser
1 EL Bienenhonig

Hamameliswasser und Honig vermischen und in ein dunkles Fläschchen füllen. Kühl aufbewahren.
Hamamelis oder »Virginischer Zauberstrauch« hat eine entzündungshemmende, zusammenziehende Wirkung, die durch den Bienenhonig noch verstärkt wird.

Honig-Tonicwasser

1 EL Bienenhonig
150 ml destilliertes Wasser
1 EL Zitronensaft

Die Zutaten vermischen und in eine kleine, verschließbare Flasche füllen. Kühl aufbewahren.
Das Honig-Tonicwasser wirkt klärend und reinigend. Blasse, fahle Haut wird frischer.

Zur Pflege

Weizenkeimbalsam mit Honig

50 g Lanolin
50 g Weizenkeimöl
20 g Bienenhonig
75 g Hamameliswasser

Lanolin und Weizenkeimöl in einem hohen Plastiktopf im heißen Wasserbad zusammenschmelzen. Vom Feuer nehmen und weiterrühren, bis die Schmelze nur noch warm ist. Dann den Bienenhonig vorsichtig unterrühren. Zum Schluß das Hamameliswasser, das separat im Wasserbad erwärmt wurde, untermischen.

Der Weizenkeimbalsam ist eine hochwertige Nähr- und Pflegecreme. Er muß gut verschlossen und kühl aufbewahrt werden. Das darin befindliche Weizenkeimöl enthält hohe Werte an Provitamin A und Vitamin E. Das biologisch hochwertige Pflanzenlezithin und die vielen Vitalstoffe wirken glättend, regenerierend und stärken die Keimschicht und das Unterhautzellgewebe.

Karottengel

10 g Gelatine (pulverisiert)
150 g Rosenwasser
50 g Glyzerin (weiß)
10 g Alkohol (50%)
25 g Bienenhonig
2 EL frischer Karottensaft

Gelatine mit etwas Rosenwasser zum Quellen kalt übergießen. Dann den Rest des Rosenwassers zugeben, gut durchrühren und im heißen Wasserbad erwärmen, so daß sich die Gelatine gleichmäßig verflüssigt. Glyzerin und Alkohol zugeben und unter Rühren erkalten lassen. Kurz vor dem völligen Erkalten Honig und Karottensaft zugeben.

Karottengel eignet sich zur Pflege fettiger, unreiner und schlaffer Haut. Hervorragend auch bei Öl- und Fettallergien als Tagespflege.

Masken

Weizenmehlmaske

2 EL Vollkornweizenmehl (mit Keim)
1 l Kamillenaufguß
1 EL Bienenhonig

Mehl mit warmem Kamillenaufguß und erwärmtem Honig zu einem dicken Brei anrühren. Auf das gereinigte Gesicht auftragen und 15 Minuten einwirken lassen. Danach mit Kamillenaufguß abwaschen.

Die Maske wirkt reinigend und glättend.

Heilerdemaske

1 EL Heilerde
1 TL Honig
1 EL warmes Wasser oder Rosenwasser

Heilerde mit Honig und Wasser anrühren. Mit einem Pinsel auf die Haut von Gesicht, Hals und Dekolleté auftragen. 20 Minuten einwirken lassen, dann mit lauwarmem Wasser abwaschen.
Die Maske wirkt straffend und reinigend.

Bienenhonig-Leinsamen-Maske

1 EL zerstoßener Leinsamen
3 EL warmes Wasser
1 EL Bienenhonig

Leinsamen und Wasser vermischen und kurz aufkochen lassen, so daß sich eine gallertartige Masse bildet. Abkühlen lassen. Unter Rühren in die noch warme Masse den Bienenhonig zugeben. Die Maske nochmals leicht erwärmen und auf Gesicht, Hals und Dekolleté streichen, mit Seidenpapier abdekken und möglichst 40 Minuten bis 1 Stunde einwirken lassen. Mit Eibischtee oder warmem Wasser abwaschen. Anschließend Mitesser vorsichtig zwischen zwei Zellstofftüchern ausdrücken.
Die Maske weicht Hautunreinheiten auf und wirkt kräftigend. Sie gibt fahler Haut frischere Farbe.

Weizenkleiemaske

3 EL Weizenkleie
1 Msp. Milchinpulver
1 Msp. Agar-Agar
½ Tasse frische Vollmilch
1 EL Honig

Weizenkleie, Milchinpulver und Agar-Agar gut mischen. Die Milch erhitzen und alles zusammenrühren. Zum Schluß den Honig unterrühren. Die Masse messerrückendick auf die gereinigte Haut auftragen, 40 Minuten einwirken lassen, dann mit lauwarmem Wasser abwaschen. Mitesser oder Pickel können nun sanft ausgedrückt werden. Finger dabei immer mit Zellstoff umwickeln und niemals gewaltsam quetschen. Anschließend mit kühlen Kompressen von Honig-Tonicwasser die Haut beruhigen.

Mandelkleiemaske

5 EL Bienenhonig
5 EL Mandelkleie

Honig und Kleie zusammen verrühren. Die Gesichtshaut mit einem Kamillendampfbad vorbereiten, dann die Maske ziemlich dick auf das Gesicht auftragen. 30 Minuten einwirken lassen und mit warmem Wasser gründlich abwaschen. Diese Maske sollte man 4 Wochen lang jeden 2. Tag anwenden.

Angina

Entzündliche Schwellungen der Gaumenmandeln, die das Schlucken erschweren und Halsschmerzen verursachen, treten oft als Folge einer nicht ganz auskurierten Erkältung auf (siehe auch *Erkältung* und *Fieber* Seiten 67–69).

Wabenhonig

Vier- bis sechsmal täglich ein Stück Honigwabe 15 Minuten lang durchkauen, Rest wegwerfen. Es wirkt auch bei Schnupfen.

Honigpinselung bei eitriger Angina

Die mit gelblich weißen Flecken übersäten Rachenmandeln direkt mit dünnflüssigem Honig bepinseln. Das ist zwar im Moment unangenehm, wirkt aber schmerzlindernd und hemmt die Entzündung. Drei- bis viermal täglich angewandt, ist dies auch bei Kindern sehr empfehlenswert.

Inhalation

½ l Wasser bis zum Siedepunkt erhitzen, 50 g Honig (Tannen-, Salbei- oder Eukalyptushonig) beifügen, gut umrühren. Eine Tüte, deren Spitze abgeschnitten wurde, über den Topf streifen, so daß der Dampf nur durch diese Öffnung in den Rachenraum entweichen kann. Jede Inhalation soll mindestens 10 bis 15 Minuten dauern. Kühlt die Flüssigkeit ab, etwas heißes Wasser nachgießen. Drei- bis viermal täglich wiederholen.

Arnika-Honig-Gurgelwasser

10 bis 20 Tropfen Arnikatinktur (100 g Arnikablüten in ½ l Doppelkorn [38 bis 40%] ziehen lassen) und 1 TL Honig auf 1 Tasse lauwarmes Wasser geben und zwei- bis dreimal täglich gurgeln.

Appetitlosigkeit

Appetitlosigkeit können die unterschiedlichsten – körperlichen und seelischen – Ursachen zugrunde liegen.

Honigkur

1 Monat lang morgens nüchtern und abends vor dem Schlafengehen je 1 TL Honig essen.

Teekur

Auf je 1 Tasse Enzian-, Rosmarin-, Brennessel- oder Bitterkleetee 1 TL Honig geben und drei- bis sechsmal täglich schluckweise 1 Tasse trinken.

Asthma

Störungen des Blutkreislaufes in der Lunge, allergische Reaktionen, seelische Gründe, was immer für die anfallsweise auftretende Atemnot verantwortlich zu machen ist – Asthma ist quälend! Die Behandlung durch den Arzt kann man durch viele häusliche Maßnahmen ergänzen: Gesunde Vollwerternährung, viel Schlaf, gelegentliche Luftveränderung, Spaziergänge auch bei schlechtem Wetter, Atemübungen und Heilgymnastik unterstützen die Besserung des Leidens.

Spezialasthmagelee

1 kleine Zwiebel
2 gepreßte Knoblauchzehen
1 TL Thymian
4 EL Isländisch-Moos-Flechte
2 ½ Tassen Wasser
¾ bis 1 Tasse Honig

Kleingeschnittene Zwiebel, Knoblauch, Thymian und Moos ½ Stunde in dem Wasser köcheln lassen, dann durchsieben und abkühlen lassen. Gelee mit Honig vermischen. Vier- bis sechsmal täglich 1 EL einnehmen.
Das Gelee wirkt krampflösend und hustenlindernd.

Kur mit Blütenpollen

Pollen und Honig zu gleichen Teilen vermischen. Täglich morgens nüchtern und abends vor dem Schlafengehen je 1 TL einnehmen.

Für Kräutersammler:
Bärlauchwein mit Honig

1 Handvoll kleingeschnittene frische Bärlauchblätter (Allium ursinum) in ¼ l Weißwein kurz aufkochen, abkühlen lassen und mit Honig süßen. Mehrmals am Tag schluckweise davon trinken.
Der Wein löst Verschleimung bei Bronchialasthma und nimmt die Atemnot.

Müde und gereizte Augen

Hauptursache ist sicherlich mangelnder Schlaf, außerdem Aufenthalt in verqualmten oder schlecht gelüfteten Räumen oder staubiger Umgebung. Erste Maßnahmen sind also viel Schlaf und viel frische Luft.

Einträufeln

Zunächst empfiehlt es sich, je 1 Tropfen flüssigen Bienenhonig in die Augen zu träufeln.

Kompressen und Bäder mit Augentrost-Honig-Lotion

½ TL Augentrostkraut
250 ml Wasser
1 TL Bienenhonig

Augentrostkraut in sprudelnd kochendes Wasser geben, aufwallen lassen und zugedeckt ziehen lassen. Filtern und den Honig unterrühren. Leinenläppchen oder Wattebäusche in der Lotion tränken und auf die geschlossenen Augen legen. 10 bis 20 Minuten wirken lassen. Für Augenbäder den Tee dünner kochen und für das Bad eine Stilwanne benutzen.

Kamillen-Milch-Kompressen

¼ l Milch
1 EL Kamillenblüten
1 TL Honig

Milch aufkochen, Kamillenblüten hineingeben und 10 Minuten ziehen lassen, dann abgießen. In die etwas abgekühlte Flüssigkeit den Honig rühren. Noch warm mit Wattebäuschchen oder Leinenlappen auf die Augen legen und bis zur Abkühlung darauflassen. Mehrmals wiederholen.
Die Kompresse hilft auch bei Entzündungen.

Blähungen

Blähungen werden meist durch den Genuß von Kohl oder Hülsenfrüchten hervorgerufen. Die entstehenden Darmgase können den Magen-Darm-Kanal recht schmerzhaft ausdehnen. Besonders bei Säuglingen (sie bekommen den Kohl durch die Muttermilch!) und Kleinkindern sind Blähungen unbedingt zu behandeln. Sie können *Blähungen durch Kamillentee mit Honig* behandeln. Diesen beliebig viel schluckweise trinken und den Bauch warm halten oder *Fenchelhonig* und *Salbeihonig* löffelweise einnehmen oder *Anissirup*.

Anissirup

30 g Anissamenkörner
½ l Wasser
100 g Honig

Anis in Wasser 15 bis 20 Minuten kochen lassen, abseihen und abkühlen lassen. Mit Honig verrühren. Mehrmals täglich 1 TL verabreichen (auch für Säuglinge).

Blasenkatarrh

Entzündungen der Harnblase sind oft Folge einer Verkühlung des Unterleibs, werden aber durch Bakterien hervorgerufen. Blasenkatarrh ist durch Schmerzen und dauernden Harndrang besonders unangenehm. Wärme und viel Flüssigkeit, damit die Bakterien ausgeschwemmt werden, sind angebracht.

Honigkur

Anfangs 100 g, später 50 g Bienenhonig über den Tag verteilt essen.

Sitzbad mit Zinnkraut und Honig

100 g Zinnkraut über Nacht in kaltem Wasser ziehen lassen. Am nächsten Tag zum Kochen bringen und dem Badewasser zugeben. Ebenso 100 g (½ Tasse) Honig zufügen. Badedauer: 20 Minuten. Nicht abtrocknen, sondern in Bademantel oder Frotteetuch gewikkelt im warmen Bett (Wärmflasche) noch ca. 1 Stunde schwitzen.

Trinkkur

Mehrmals täglich Tee von Blättern der schwarzen Johannisbeere, Fenchel oder Salbei mit 1 EL Honig gesüßt trinken.

Blutarmut

Blutarmut zeigt sich in blasser Hautfarbe und schneller Ermüdbarkeit. Grund ist eine Blutveränderung, die verschiedene Ursachen haben kann. Oft ist Anämie entwicklungsbedingt oder auch Folge einer anderen Krankheit (siehe auch *Appetitlosigkeit* und *Rekonvaleszenz,* Seiten 60, 94 f.).

Milch-Honig-Kur

Bei Säuglingen und Kleinkindern 4 Wochen lang 1 TL bis 1 EL Bienenhonig pro Tag in warmer Milch trinken. Bei Erwachsenen täglich 2 EL Bienenhonig in warmer Milch trinken.

»Trink«-Kur

Täglich 1 Likörglas *Honigwein* oder *-met* (Rezept Seite 189) vor dem Essen trinken.

Teekur

Brennessel-, Frauenmantel-, Thymian-, Wermuttee mit je 1 EL Bienenhonig über den Tag verteilt einnehmen.

Frischsaftkur

3 bis 4 Gläser frischen Spinatsaft oder frischen Kirschsaft, eventuell gemischt mit Möhren-, Brennessel- oder Meerrettichsaft – pro Glas abgerundet mit 1 TL Bienenhonig –, täglich trinken.

Pollenkur

Blütenpollen und Honig zu gleichen Teilen mischen. Dreimal täglich 1 TL nehmen.
In Milch aufgelöst, sind Pollen auch für Magenempfindliche gut verträglich.

Zwei Getränke – jeweils abends vor dem Schlafengehen getrunken –, die stärken und das fahle, blasse Aussehen bessern:

Eierpunsch

2 Eigelb
¼ l Rotwein
1 Prise Zimt
1 Prise Nelkenpulver
1 EL Honig

Eigelb schaumig schlagen, Rotwein zugeben, Gewürze untermischen. Alles vorsichtig erhitzen, dabei ständig schlagen. Honig unterrühren und sofort servieren.

Aufbautrank

¼ l Milch
1 EL Butter
1 EL Honig
4 cl Eierlikör

Milch erhitzen, Butter darin verrühren. Honig und Eierlikör hineinquirlen, bis Schaum entsteht. Sofort genießen.

Blutdruck, niedriger

Niedriger Blutdruck tritt häufig bei Mädchen nach der Pubertät auf, aber auch als Folge von Unter- oder Mangelernährung (falsch verstandene Schlankheitsdiät!) und Überlastung. Niedriger Blutdruck ist selten gefährlich, kann aber mit Schwindel- und Schwächeanfällen sehr unangenehm sein.

Honig-Apfelessig-Kur

2 TL Apfelessig
1 EL Bienenhonig
1 Glas Wasser

Alles gut mischen und täglich morgens nüchtern und abends vor dem Schlafengehen je 1 Glas über einen Zeitraum von 4 bis 6 Wochen trinken.

Teekur

Tee aus 1 gehäuften TL Hirtentäschel auf 250 ml kochendes Wasser, mit 1 TL Honig gesüßt, zubereiten. Zweimal täglich 1 Tasse trinken, bis sich der Kreislauf normalisiert hat.

Blutreinigung

Blutreinigung ist ein Begriff aus der alten Volksmedizin und wurde früher durch so martialische Methoden wie Aderlaß und Schröpfung bewerkstelligt. Die Berechtigung der Blutreinigung wird aber auch von der modernen Medizin nicht geleugnet. Einmal im Jahr, am besten im Frühling, sollte man den Körper von schlechten Säften befreien. Zum Beispiel durch:

Teekuren

mit Zugabe von Bienenhonig – von Zinnkraut, Zwergholunder, Sennesblättern und Schafgarbe (siehe auch Tee gegen *Akne*, Seiten 54–59) oder eine

Trinkkur

Je 1 Glas Brennesselsaft mit 1 TL Honig täglich trinken.
Und so wird Brennesselsaft gemacht: Handlange Triebe pflücken (Handschuhe!), kurz brühen und sehr fein hacken. Durch ein Safttuch pressen. Im Mixer können die Brennesseln ungebrüht zerkleinert werden, und wer eine Saftzentrifuge besitzt, ist besser dran.

Brandwunden

Größere Verbrennungen oder flächige Verbrühungen bedürfen stets ärztlicher Versorgung. Kleine Brandverletzungen und auch leichten Sonnenbrand kann man selbst behandeln. Erste Hilfe besteht in der Kühlung unter reichlich fließendem kaltem Wasser.

Honig-Wein-Öl-Balsam

2 EL Rotwein
1 EL Honig
1 EL Olivenöl

Alles gut miteinander verquirlen. Balsam auf Brandwunden oder Sonnenbrand dünn auftragen, mit keimfreier Leinen- oder Mullbinde leicht abdecken. Verband mehrmals täglich erneuern.

Bronchitis

Bronchitis ist keine Bagatellkrankheit. Sie sollte gründlich auskuriert werden. Es gibt drei verschiedene Arten von Bronchitis. Die erste heißt »Katarrh der oberen Luftwege« und entsteht aus Erkältungen. Die zweite, asthmaähnliche Form von Bronchitis ist meist anlagebedingt. Hier helfen Atemübungen und Heilgymnastik (siehe auch *Asthma!,* Seite 60). Die dritte Form ist die allergische Bronchitis. Hier sollten bestimmte Reizstoffe gemieden werden.

Brusttee

10 g Königkerze
10 g Eibischwurzel
10 g Eibischkraut
10 g Huflattichblätter
10 g Süßholz
Honig

Alles miteinander vermischen. 1 TL mit 1 Tasse kochendem Wasser aufbrühen, etwas abkühlen lassen und mit Bienenhonig süßen. Dreimal täglich trinken.
Wirksame Tees gibt es auch aus Thymian, Salbei, Quendel, Eisenkraut und Brennessel, jeweils zu gleichen Teilen.
Der Honig unterstützt die heilende Wirkung der Kräuter.

Husten- und Schleimlöser	1. Je 1 TL Bienenhonig, Zitronensaft und Glyzerin gut miteinander verquirlen und bei Bedarf einnehmen. 2. Saft einer im Ofen gebackenen Zitrone mit Rizinusöl und Honig zu gleichen Teilen mischen. Bei Bedarf einnehmen.
Fenchelmilch	3 TL Fenchelsamen in 250 ml Milch aufkochen, durchsieben und mit 1 EL Bienenhonig süßen. Schluckweise trinken.
Zur Beruhigung	1 Glas warmen Fliederbeersaft mit 1 TL Honig und 1 TL Rum am besten vor dem Schlafengehen trinken.

Durchblutungsstörungen

Durchblutungsstörungen äußern sich in kalten Füßen und Händen. Bei gestörter Kopfdurchblutung können leichte Ohnmachten eintreten. Durchblutungsstörungen sind immer ernst zu nehmen, da sie zu schweren Erkrankungen führen können (Schlaganfall, Schrumpfniere, Brand).

Knoblauchsaft	20 Zehen Knoblauch zerdrücken und in 500 ml Wasser 5 Minuten kochen lassen, abseihen und auskühlen lassen. Saft von 1 Zitrone sowie 2 EL Honig beifügen. Täglich morgens und abends 1 Likörglas voll einnehmen.

Durchfall

Durchfall kann durch unverträgliche oder verdorbene Speisen ausgelöst oder durch Infektion oder Erkältung verursacht werden. In jedem Fall ist die Behandlung mit Stopfmitteln falsch, weil dann schädliche Stoffe im Darm zurückgehalten werden. Erste Maßnahmen sind Bettruhe, Wärme und Haferschleimdiät. Flüssigkeitsverlust mit Tee ausgleichen.

Thymiantee mit Honig	Ca. 12 Thymianstengel mit Blättern in 1 l Wasser aufkochen lassen und abseihen. Nach jeder Mahlzeit 1 Tasse mit 1 TL Honig warm trinken.

Apfeldiät

1 geschälten Apfel roh auf der Glasreibe zu Mus zerkleinern. 1 TL Honig einrühren. Auf nüchternen Magen essen. Das Apfelmus bildet einen Pfropf, der die Schadstoffe aus dem Darm bugsiert. Honig entfaltet dabei seine entzündungshemmende Wirkung.
Apfeldiät ist besonders bei Kindern beliebt!

Erkältungen

Bei nassem, kaltem Winterwetter, aber auch im Herbst und im Frühjahr sind Erkältungen ein fast unumgängliches Übel. Einmal im Jahr erwischt es jeden. Wer dennoch verschont bleiben möchte, sollte folgende Grundregeln beachten:

Sich möglichst niemals anhusten oder anniesen lassen!
Hände öfter mal waschen und Händeschütteln einschränken!
Papiertaschentücher benutzen!

Die Abwehrkräfte des Körpers stärkt man durch vitaminreiche Kost, Wechselduschen, Sauna, Gymnastik am offenen Fenster, Hautbürsten, Spaziergänge bei jedem Wetter mit entsprechender Kleidung, gute Durchlüftung der Wohnung und auch des Büros, Schlafen in ungeheiztem Raum bei spaltbreit geöffnetem Fenster.
Zur Vorbeugung dient auch der tägliche Becher warme Milch mit Honig.

Aufkeimende Erkältung bekämpft man mit:

Zwiebeltee

2 große Zwiebeln in Scheiben schneiden und in ½ l Wasser 15 Minuten kochen. Inzwischen 2 Tassen Fencheltee aufbrühen, 10 Minuten ziehen lassen. Fencheltee mit Zwiebelsud mischen, durchseihen und mit reichlich Honig abschmecken. Täglich 3 Tassen lauwarm (eventuell im Wasserbad aufwärmen) trinken.

Holunder- oder Lindenblütentee

1 TL Blüten mit 1 Tasse kochendem Wasser aufbrühen, 10 Minuten ziehen lassen, dann abseihen. Mit Zitronensaft und mindestens 1 TL Honig abschmecken.

Ysopsirup

20 g Ysopblätter in $\frac{1}{4}$ l Wasser 15 Minuten kochen lassen. Durchsieben und den Teerückstand auspressen. Die etwas abgekühlte Flüssigkeit mit 100 g Bienenhonig mischen. Teelöffelweise nach Bedarf einnehmen.

Meerrettichhonig

Frisch geriebener Meerrettich und Honig werden zu gleichen Teilen gemischt. Alle 2 bis 3 Stunden 1 TL davon einnehmen.

Wer frierend und bibbernd nach Hause kommt, sollte schnell für eine »Heizung von innen« sorgen:

Apfelsinen-Tee-Punsch

Saft von 2 Apfelsinen und
2 Zitronen
4 cl Weinbrand
$\frac{1}{2}$ l starker schwarzer Tee
1 Schuß Rum
Bienenhonig nach Geschmack

Apfelsinen und Zitronensaft mit Weinbrand mischen. Heißen Tee und einen Schuß Rum zugeben. Das Ganze eventuell noch einmal erhitzen, aber nicht kochen. Mit reichlich Honig süßen.

Bierflip für harte Männer

$\frac{1}{2}$ l helles Bier
1 Prise Muskat
1 Prise Gewürznelkenpulver
2 Eigelb
1 EL Bienenhonig

Bier mit den Gewürzen aufkochen. Eigelb mit Honig schaumig schlagen, dann unter ständigem Rühren in das warme Bier laufen lassen. Sofort servieren.

Ermüdung

Ermüdung ist der Folgezustand von geistiger oder körperlicher Überanstrengung ohne ausreichende Erholung. Vitaminarme Kost und wenig frische Luft begünstigen die Ermüdungserscheinungen.

Honig-Essig-Kur

1 TL Honig und 1 EL Obstessig mit 1 Glas warmem Wasser (Mineralwasser!) vermischen und zweimal täglich einnehmen.

Ei-Honig-Kur	2 frische Eier mit 1 TL Bienenhonig verquirlen und vor den Hauptmahlzeiten einnehmen.
Trinkmolke	Molke enthält alle Vitalstoffe der Milch: Protein, Vitamine, Mineralien, Milchzucker und Milchsäure. 1 Glas Trinkmolke mit reichlich Honig abgeschmeckt ist ein schneller Energiespender, wirkt auch bei Muskelschwäche und Muskelkater.

Fieber

Die Erhöhung der Eigenwärme des Körpers ist stets als Alarmzeichen zu werten. Fieber bedeutet aber auch, daß der Körper bereits begonnen hat, eingedrungene Fremdstoffe durch erhöhten Stoffwechsel wieder auszuscheiden. Fieber signalisiert also einen Heilungsprozeß. Bis zur Klärung dessen, was das Fieber ausgelöst hat, muß die Temperatur genau beobachtet und gegebenenfalls gesenkt werden. Probates Mittel: kühle Wadenwickel. Bei hohem Fieber stets den Arzt konsultieren!

Stärkende Getränke für Fieberkranke:	½ l Wasser, 1 EL Honig, 1 TL Zitronensaft, 2 Eigelb und etwas Milch gut verquirlen.
	2 Eigelb, 4 EL Cognac sowie 1 ½ EL Honig miteinander verquirlen und ⅛ l Wasser unterrühren.
	½ Tasse Honig, ½ Tasse Mineralwasser, ½ Tasse Wein- oder Obstessig und 1 EL Meersalz gut vermischen. Das Getränk schmeckt scheußlich, senkt aber das Fieber.

Fingernägel

Brüchige und rissige Fingernägel machen vielen Frauen Kummer. Einerseits werden die Nägel bei Haus- und Gartenarbeit stark strapaziert, andererseits spielt meist Kalziummangel die entscheidende Rolle.

Speziallimonade

Ein frisches gut gewaschenes Hühnerei samt Schale in einem Glas mit Zitronensaft übergießen. 1 Tag bei Zimmertemperatur stehen lassen und dann 1 Tag kühl stellen. Das Ei vorsichtig aus dem Glas nehmen und die verbleibende Flüssigkeit mit Wasser und reichlich Bienenhonig vermischen. Diese Limonade trinkt man 14 Tage lang täglich. Zur Unterstützung der Behandlung von außen werden die Nägel mit einem Nagelhärter bepinselt.

Frühjahrsmüdigkeit

Jedes Jahr, wenn die Natur zu neuem Leben erwacht, überfällt viele Menschen die große Schläfrigkeit. Möglicherweise wirkt Gähnen ansteckend, ansonsten hat die berühmte Frühjahrsmüdigkeit mit einer Krankheit nichts zu tun. Es sind einfach die langen, dunklen, sonnenarmen Wintermonate, die ihren Muff hinterlassen haben. Da hilft nur eines: Lüften! Das heißt für viel frische Luft, viel frische Kost und ein wenig für Abhärtung sorgen, denn sonst ist auch schnell eine Erkältung im Anzug (siehe auch *Erkältung,* Seite 67).

Trinkkuren

1. Dreimal täglich vor jeder Mahlzeit 1 Glas frisch ausgepreßten Orangensaft, der mit 1 TL Honig gesüßt wurde, trinken. 4 Wochen lang sollte diese Kur durchgeführt werden, wobei nach der 1. Woche der Honiganteil auf 1 EL erhöht wird. 2 Wochen bleibt man bei dieser Mischung. In der 4. Woche verringert man die Honigbeigabe langsam wieder auf 1 TL pro Glas.

2. Jeden Morgen einen Vitamintrank aus ⅛ l Milch, ⅛ l Tomatensaft, 1 EL gehackter Petersilie, 2 TL Bienenhonig und 1 EL Quark zubereiten. Alles sehr gut mischen und in kleinen Schlückchen vor dem Frühstück trinken.

3. Im Januar und Februar statt Bohnenkaffee morgens Kräutertee mit Honig gesüßt trinken.

Fitneßmüsli

150 g Magerquark
3 EL entrahmte Milch (1,5 %)
2 EL gemahlene Haselnüsse
1 EL Weizenkeime
1 EL Weizenkleie
1 EL Blütenpollen
1 bis 2 EL Bienenhonig

Quark mit der Milch glattrühren. Dann die restlichen Zutaten unterheben und gut vermischen.
Das Müsli kann ein Frühstück ersetzen oder über den Tag verteilt in kleinen Portionen gegessen werden. Es enthält alles, was der Körper nach den langen Wintermonaten braucht.

Furunkel

Furunkel sind Entzündungen der Unterhaut, die durch Eindringen von Eiterbakterien in einen Haarbalg oder eine Talgdrüse verursacht werden. Anfangs entsteht eine harte, gerötete, sehr empfindliche Stelle, die später eitrig einschmilzt. Furunkel kommen besonders oft an Nacken und Rücken, in der Gürtelgegend oder am Gesäß vor. Kinder können auch am Kopf Furunkel haben.
Treten in Schüben immer wieder neue Furunkel auf, spricht man von Furunkulose, die dringend ärztlicher Behandlung bedarf.

Honigpflaster

Weißes Mehl mit Honig und etwas Wasser anrühren, auf die Furunkel streichen. Mit sauberem Leinenläppchen abdecken und über Nacht einwirken lassen.

Wurzelpflaster

Eibischwurzel oder Klettenwurzel reiben, mit Bienenhonig im Verhältnis 1 : 1 mischen. Auf die vorher gereinigten Partien auftragen, ca. 2 bis 3 Stunden einwirken lassen. Trocken abnehmen.

Gallenbeschwerden

Gallenbeschwerden äußern sich in Schmerzen unter den rechten Rippenbogen. Bei akuten Schmerzen mit Erbrechen liegt vielleicht eine Entzündung vor, die immer vom Arzt behandelt werden muß. Bei Gallenbeschwerden besteht striktes Alkoholverbot. Außerdem ist eine fettarme Diät einzuhalten, dabei auch gebratene, geräucherte und scharf gewürzte Speisen meiden. Viel Flüssigkeit sollte man zu sich nehmen, aber bitte nur kurgeeignete Fruchtsäfte oder warme Kräutertees – jeweils mit Bienenhonig abgerundet.

Eisenkrautabsud mit Honig

30 g Eisenkraut in ½ l Wasser ca. 15 Minuten kochen. Abseihen und tagsüber in 3 Portionen mit je 1 EL Honig trinken.

Weitere geeignete Tees bereitet man aus Schöllkraut, Löwenzahnwurzel und Kalmuswurzel.
Im Frühjahr täglich 5 bis 10 gewaschene Löwenzahnstengel knabbern.

Gicht

Im Volksmund wird Gicht auch das »Zipperlein« genannt. Sie beruht auf einer Störung der Harnsäureausscheidung. Der erste Gichtanfall beginnt meist mit außerordentlich heftigen Schmerzen ausgerechnet im großen Zeh, so daß der Geplagte für seine Umwelt zu allem Überfluß auch noch lächerlich wirkt. Im späteren Stadium bilden sich die bekannten Gichtknoten, besonders an Finger- und Zehengelenken. Die Behandlung von Gicht geht immer mit einer strengen Diät einher.

Artischockentee mit Honig

40 g Artischockenblätter ca. 2 Minuten in 1 l Wasser leicht kochen lassen, dann abseihen. Täglich vor den Mahlzeiten 1 Tasse Artischockentee mit 2 TL Honig trinken.

Gichtpflaster

Getrocknete Wurzeln von Beinwurz (Beinwell) werden feingemahlen und mit heißem Wasser, einigen Tropfen Olivenöl und 1 TL Honig zu Brei verrührt. Diesen auf ein Leinenläppchen streichen, auf die erkrankte Stelle legen und mit Mull verbinden.

Grippaler Infekt

Die jährliche »Influenza«-Epidemie erreicht uns meist im Frühjahr. Es handelt sich um eine Viruskrankheit mit verschiedenen Erregertypen, die sich über Tröpfcheninfektion verbreiten. Vorbeuge- und Vorsichtsmaßnahmen sind die gleichen wie bei der Erkältung (siehe Seite 67). Gefährlich wird die Grippe meist durch hinzutretende Lungen-, Mittelohr- und Nebenhöhlenentzündungen sowie durch Zweitinfektionen mit Bakterien, die im geschwächten Organismus leichtes Spiel haben. Deshalb bei ersten Anzeichen von Grippe sofort etwas unternehmen.

Zur Vorbeugung:

Honigkur zur Stärkung der Widerstandskraft

Zweimal täglich vor dem Frühstück und Abendessen je 1 TL Honig einnehmen, nach 4 Tagen auch zusätzlich vor dem Mittagessen. Nach 10 Kurtagen die Honiggabe wieder auf zweimal täglich je 1 TL verringern.

Bei Anzeichen wie Abgeschlagenheit, Kreuz- und Gliederschmerzen:

Heißes Honigwasser stündlich trinken (1 Glas Wasser, 1 EL Bienenhonig).

Eibisch- und Spitzwegerichsaft mit Honig im Verhältnis 3 : 1 mischen (3 Teile Saft, 1 Teil Honig) und jede Stunde 1 EL einnehmen.

Holunderblütentee mit Honig (1 TL auf 1 Tasse Tee) mehrmals täglich trinken.

Rettichsaft
1 weißen Rettich aushöhlen, 3 EL Honig hineingeben und 3 Stunden ziehen lassen. Den Saft teelöffelweise einnehmen.

Bei Halsschmerzen:

Mit erwärmtem Honig Rachenhöhle und Mandeln einpinseln.

Honig in einem Eßlöffel über einer Feuerstelle (Kerze) erhitzen und so heiß wie möglich einnehmen.

Haarausfall/Haarschäden

Schönes Haar ist ein natürlicher Schmuck. Aber während viele Männer ihre »hohe Stirn« mit Würde tragen können/müssen, ist Haarausfall oder auch nur dünnes, brüchiges Haar für Frauen eine Katastrophe. Durch Dauerwelle, heißes Fönen sowie Färben wird das Haar über Gebühr beansprucht. Ein wenig Extrapflege, ein paar Wohltaten, hat es verdient.

Hopfendoldenöl mit Honig

Auf 100 g Hopfendoldenöl 2 EL Honig geben und gut vermischen. 1 Stunde vor der Haarwäsche einreiben.

Honighaarwasser

½ l destilliertes Wasser nehmen oder etwas mehr als ½ l Wasser 10 Minuten lang sprudelnd kochen lassen. Abgekühlt mit 2 EL Bienenhonig und 1 TL Glyzerin gut vermischen. Täglich morgens und abends sanft massierend auftragen.

Das Haar wird dadurch nicht nur fester, sondern erhält auch einen schönen Glanz. Bienenhonig nährt und stärkt die Haarwurzeln und versorgt sie mit den nötigen Vitalstoffen.

Honig-Brennessel-Haarkur

½ l destilliertes Wasser, 60 ml Brennesseltinktur und 2 EL Honig gut vermischen, täglich morgens sanft in die Kopfhaut massieren.

Honig-Walnuß-Haarwasser

100 g Walnußblätter kalt einweichen, mit 2 l Wasser über Nacht ziehen lassen. Am nächsten Tag dreimal aufkochen und jeweils wieder abkühlen lassen. Nach dem letzten Abkühlen durchseihen und 3 EL Bienenhonig unterrühren. Morgens und abends sanft kreisend in die Kopfhaut einmassieren.

Haarfestiger

2 EL Honig mit 1 EL Olivenöl und 1 EL Zitronensaft gut vermischen. Die Mixtur auf Haar und Kopfhaut auftragen und 3 Minuten gründlich einmassieren. 20 bis 30 Minuten möglichst in der warmen Sonne einwirken

lassen oder bei kleiner Temperatur fönen (evtl. auch unter der Haube). Danach mit einem milden Shampoo auswaschen.

Honigkur, innerlich

Täglich 1 Glas warmes Wasser, in dem 1 EL Honig aufgelöst ist, trinken.

In 1 Glas heißer Milch ½ TL Agar-Agar auflösen, 1 TL Honig zugeben. Gut verrühren und trinken. 4 Wochen lang täglich morgens einnehmen.

Halsentzündung

Kratzen und Schmerzen im Hals sind oft die ersten Anzeichen einer Angina (siehe auch Seite 59). Aber es muß nicht so weit kommen, daß die Rachenmandeln anschwellen und vereitern. Gleich ein Seidentuch und darüber einen Wollschal um den Hals wickeln. Mehrmals am Tag feuchtwarme Umschläge machen. Bitte keine heiße Milch trinken (auch nicht mit Honig!), denn das verschleimt.

Mehrmals täglich 1 TL erwärmten Bienenhonig mit etwas warmem Zitronensaft einnehmen.

Halsbalsam

1 EL Bienenhonig, 1 EL Olivenöl, 1 Eidotter und den Saft von 1 Zitrone gut verrühren. Mehrmals täglich 1 TL Balsam langsam den Hals herunterrinnen lassen, damit sich seine volle Wirksamkeit entfalten kann.

Abbißtinktur mit Honig

1 Handvoll zerschnittene Abbißwurzeln mit 1 l Branntwein übergießen, an einem warmen Ort 4 Wochen ziehen lassen, die Pflanzenreste abseihen. 100 g Bienenhonig zufügen und täglich 2 bis 3 TL einnehmen.

Zum Gurgeln

Je einem Glas Salbeitee 1 EL Bienenhonig und 1 EL Weinbrand zufügen. Etwa alle 2 Stunden gurgeln.

Harnwegerkrankungen

Eine Entzündung der Harnröhre mit ständigem Harndrang läßt meist auch auf eine Erkrankung der Blase (siehe auch unter *Blasenkatarrh,* Seite 62) oder der Nieren schließen. Eine Überprüfung durch den Arzt ist ratsam.

Zwiebelwein

500 g rohe feingehackte Zwiebeln in 1 l Weißwein geben, 130 g Bienenhonig beifügen, in bauchiger Flasche an einem hellen warmen Platz 1 Woche ziehen lassen, danach abseihen und wieder in eine Flasche füllen. Davon je 1 EL vor den Mahlzeiten einnehmen. Verwenden Sie bei diesem Rezept nach Möglichkeit Eukalyptushonig.

Haut, aufgesprungene

Aufgesprungene Haut ist ein Winterübel. Eisiger Wind und ungenügender Schutz – schon ist sie da. Es gibt aber eine Reihe einfacher und anspruchsvollerer Mittel, in denen Bienenhonig seine heilende Wirkung entfaltet.

Borax und Honig zu gleichen Teilen vermischen und auftupfen.

Rosenwasser und Honig vermischen und auftupfen.

Honig und Mandelöl zu gleichen Teilen mischen und sanft einmassieren.

Ringelblumensalbe mit Honig

10 g Ringelblumentinktur mit 100 g Schweineschmalz vermischen, 1 EL flüssigen (leicht erwärmten) Honig zugeben und verrühren.

Feine Glyzerinsalbe

25 g Glyzerin
20 g süßes Mandelöl
10 g Mandelkleie
10 g Milchinpulver
20 g Bienenhonig

Glyzerin und süßes Mandelöl im heißen Wasserbad leicht erwärmen und gut vermischen. Mandelkleie und Milchinpulver trocken vermischen. Bienenhonig leicht erwärmen, Mandelkleie und Milchinpulver unterrühren. Unter ständigem Rühren das Glyzerin-Mandelöl-Gemisch zugeben.

Mandel-Honig-Balsam

25 g Mandelmus
10 g Bienenhonig
20 g Mandelkleie
1 Tropfen Bittermandelöl
1 Eigelb

Mandelmus mit dem vorher leicht erwärmten Bienenhonig verrühren. Kurz vor dem Erkalten (ständig rühren!) die Mandelkeie und das Bittermandelöl zugeben. Zuletzt sehr vorsichtig (damit es nicht gerinnt) das Eigelb unterheben. Mandel-Honig-Balsam gut verschlossen im Kühlschrank aufbewahren und innerhalb einer Woche verbrauchen.

Heiserkeit

Da bleibt einem plötzlich die Stimme weg, und heraus kommt nur noch ein dumpfes Krächzen. Oft ist das das erste Anzeichen einer Erkältung. Damit nicht eine Halsentzündung oder Angina folgt, sofort etwas unternehmen!

Solange sich noch keine Verschleimung zeigt: ¼ l *warme Milch* (nicht über 40 Grad erhitzen!) mit 2 TL Honig süßen und 1 Msp. Butter zugeben. Mehrmals am Tag langsam trinken.

Für Leute, die nicht gerne Milch trinken, empfiehlt es sich, 1 Schuß Mineralwasser in die erhitzte Milch zu geben und 1 Löffel Honig mehr zuzugeben.

Salbeitee mit Honig (auf 1 Tasse Tee 1 TL Honig)

Honigkleetee mit Honig

Weißen Rettich (Radi) aushöhlen, 2 EL Honig eintropfen und 4 Stunden Saft ziehen lassen. Diesen bei Bedarf teelöffelweise einnehmen.

Spitzwegerichsaft mit Honig (im Verhältnis 5 : 1)

Inhalationen mit 10%iger Honiglösung (siehe auch unter *Angina*, Seite 59)

Spezialrezepte für überbelastete Stimme:

Eine Mischung aus Honig, Zitronensaft und süßem Senf zu gleichen Teilen zubereiten und je 1 TL voll vor dem Schlafengehen einnehmen.

Honig-Essig-Trank: 1 TL Honig auf 1 Glas heißes Wasser mit 1 EL Apfelessig geben. Mehrmals täglich in kleinen Schlucken trinken.

Herz

Die »Pumpe«, die unseren Blutkreislauf in Gang hält, ist der einzige Muskel im menschlichen Körper, der niemals zur Ruhe kommt. Mit »Herzschwäche« oder »nervöses Herz« können die verschiedensten Erkrankungen oder Störungen dieses Organs umschrieben sein. Oft spielt die Seele dabei auch eine entscheidende Rolle. Ein nicht einwandfrei funktionierendes Herz sollte in jedem Fall durch einen Arzt behandelt werden. Die hier angeführten Rezepte stammen noch aus Zeiten, in denen der Fortschritt der modernen Medizin nicht vorhersehbar war – und sie haben schon damals ihre Wirksamkeit bewiesen.

Schwaches Herz:

Honigkur
Über 3 Monate täglich morgens und abends je 50 g Honig essen, nach Möglichkeit Waldhonig wegen seines höheren Kalziumgehaltes bevorzugen.

Weißdornextrakt mit Honig
Täglich dreimal 25 Tropfen Weißdornextrakt mit 1 Glas Wasser und 1 EL Honig vermischen und trinken.

Melissentee mit Honig
Dreimal täglich je 1 Tasse Melissentee mit 1 EL Bienenhonig trinken.

Nervöses Herz:

Honigkur
Über 6 bis 8 Wochen morgens auf nüchternen Magen und abends vor dem Schlafengehen 1 Glas warmes Wasser mit 1 TL Bienenhonig trinken.

Weißdornsaft mit Honig (½ TL Honig auf 1 Likörglas Weißdornsaft)

Rosmarintee mit Honig (1 TL Honig auf 1 Tasse Tee)

Herzwein nach einem Rezept der heiligen Hildegard von Bingen

10 frische Petersilienstengel samt Blätter werden in 1 l naturreinen Wein gegeben, dazu noch 1 bis 2 EL reinen Weinessig. Man läßt dies 10 Minuten auf kleiner Flamme kochen – Achtung: Es schäumt! Hernach gibt man noch 300 g echten Bienenhonig dazu und läßt alles noch mal 4 Minuten leicht kochen. Den heißen Herzwein abseihen und noch heiß in Flaschen füllen, die mit etwas starkem Alkohol ausgespült worden sind. Gut verschließen! Der Bodensatz, der sich bildet, schadet nicht und kann ruhig mitgetrunken werden. Davon nimmt man 2 bis 6 EL täglich nach Bedarf.

Anmerkung: Um den vollen Gehalt des Honigs zu bewahren, diesen erst nach Abkühlung des Weines auf 40 Grad zufügen. Abfüllen und die fest verschlossenen Flaschen im Wasserbad noch einmal auf Kochtemperatur bringen. Dann kann nichts verderben.

Husten

Sofern nicht ein Fremdkörper in die Luftwege geraten ist, bedeutet Husten immer eine Erkrankung der Atmungsorgane (siehe auch *Bronchitis, Erkältung, Halsentzündung,* Seiten 65, 67, 75). Hustenanfälle, besonders während der Nacht, können quälend und sehr schwächend sein. Benötigt werden beruhigende, schleim- und krampflösende sowie den Auswurf fördernde Mittel.

Hustensaft

1 Zitrone mit Wasser bedeckt 10 Minuten kochen lassen, dann halbieren und ausdrücken. Zitronensaft mit 2 EL Glyzerin und 1 Tasse Honig gut vermischen. Alle 4 Stunden 1 TL davon einnehmen.

Thymiansirup

20 g Thymian mit ¾ l Wasser aufkochen und sprudelnd im offenen Topf auf ½ l einkochen. Durchsieben und 250 g Honig zugeben. Alle 2 Stunden je 2 TL davon einnehmen.

Zwiebelsaft

1 bis 2 Zwiebeln in Scheiben schneiden, 2 EL Honig überträufeln. Mindestens 1 Stunde ziehen lassen. Den entstandenen Saft bei Bedarf oder alle 2 Stunden einnehmen.

Huflattichsaft

Mehrmals täglich nach Bedarf 1 TL Huflattichsaft mit ½ TL Honig mischen und einnehmen.

Bei akutem Hustenanfall:

1 EL Honig über offenem Feuer erhitzen und so heiß wie möglich einnehmen.

Thymian- und Spitzwegerichtee zu gleichen Teilen mischen. Je 1 TL Tee pro Tasse Wasser nehmen und mit 1 TL Honig süßen. Drei- bis viermal täglich trinken.

Bei Reizhusten:

Odermennigtee mit Honig (1 Tasse Tee mit 1 EL Honig süßen)

Süßholzwurzeltee mit Zitronensaft und Honig (1 Tasse Tee, 1 TL Zitronensaft, 2 TL Honig)

Brombeer-Honig-Saft (1 Glas heißes Wasser, 2 EL Brombeersaft, 1 EL Honig)

Ingwer-Honig-Glyzerin
20 g Ingwerwurzeln raffeln, mit 1 l kaltem Wasser aufsetzen und 10 Minuten kochen lassen, nach dem Erkalten abseihen. Honig, Glyzerin, Ingwerabsud und Zitronensaft zu gleichen Teilen mischen und bei Hustenreiz teelöffelweise einnehmen.

Kariesvorbeugung

Süßigkeiten schaden den Zähnen, das ist allgemein bekannt. Wenn Zucker vom Speichel zersetzt wird, bilden sich Säuren, die den Zahnschmelz angreifen. Dieser wird porös, die Bakterien dringen ein und fressen Löcher in die Zähne.

Besonders gefährdet ist das relativ weiche Milchgebiß von Kindern – aber gerade Kinder sind Schleckermäuler, und wer wollte ihnen schon sämtliche Süßigkeiten vorenthalten? Oder wer wollte ein Kind schon dazu anhalten, sich nach jeder Leckerei die Zähne zu putzen?

Das Kariesrisiko ist um so größer, je länger eine Süßigkeit braucht, sich im Mund aufzulösen. Dauerlutscher zum Beispiel, die auf Mutters Mahnung hin nicht zerbissen und runtergeschluckt, sondern bedächtig geleckt werden, sind Karieszeitbomben. Gefährlich sind auch alle die »Leckerlis«, die eine Zeitlang an den Zähnen und vor allem in den Zahnzwischenräumen kleben bleiben. Sahnebonbons zum Beispiel lösen sich erst nach 870 Sekunden. 420 Sekunden brauchen immerhin die »so gesunden« Vitaminbonbons. Schokolade schmilzt noch schneller, aber am besten von allen Leckereien schneidet der Bienenhonig ab, der schon nach 10 Sekunden vom Speichel zersetzt ist.

Dazu bringt Honig noch einen hohen Anteil der Mineralstoffe mit, die für den gesunden Zahnaufbau notwendig sind: Kalzium, Phosphor, Eisen, Kieselsäure etc. Deshalb sind regelmäßige kleine Gaben von Honig in Tee oder Milch schon für Säuglinge kein »Verwöhnen«, sondern Vorbeugung gegen spätere Zahnschäden.

Für Kinder und Erwachsene ist neben regelmäßigem Zähneputzen und einer gesunden Ernährung mit viel Gemüse, Obst, Vollkorngetreide und Milchprodukten die Grundregel: Honig statt Zucker – die beste Garantie für ein gesundes Gebiß!

Katarrh

Der Katarrh der oberen Luftwege, der plötzlich im Sommer auftritt, kann auf eine Erkältung deuten (siehe auch und unter *Bronchitis, Halsentzündung, Heiserkeit,* Seiten 65, 75, 77), er kann aber auch allergisch sein. Die Schleimhäute reagieren dann überempfindlich auf eine bestimmte Sorte Staub, auf Getreide- oder Gräserpollen, auf Katzen oder Pferdehaare. Möglicherweise ist dem Übel durch folgende Mittel beizukommen:

Blütenpollen mit Honig im Verhältnis 1 : 1 vermischen und täglich 2 bis 3 TL davon essen.

Karottensaft mit Honig im Verhältnis 3 : 1 mischen und zweimal täglich 1 Likörglas davon trinken.

1 TL Ysopblätter mit ½ l Wasser und 2 EL Honig zu Sirup verkochen, durchseihen und mehrmals am Tag teelöffelweise warm essen.

Kater

Kater oder ein richtig jämmerlicher Katzenjammer ist bestimmt keine Krankheit, sondern die ehrliche Antwort des Körpers auf eine Mißhandlung mit einem Übermaß an Alkohol und Nikotin, verbunden mit Schlafentzug. Aber wer möchte schon eine fröhlich und vergnügt durchfeierte Nacht mit dickem Kopf und verkorkstem Magen büßen? Man kann schon zur Vorbeugung eine Menge tun!
Zunächst für eine ordentliche Grundlage im Magen sorgen. Kurz bevor Sie das Haus verlassen, um sich ins Vergnügen zu stürzen, sollten Sie in ¼ l Milch 1 TL feine Haferflocken verrühren, 1 Eigelb darunterschlagen und das Getränk mit 1 EL Bienenhonig abschmecken. Dieser Energietrank gibt dem Magen Stabilität und macht Sie fit für kommende frohe Stunden.

1 EL Bienenhonig während der Party kann etwas von der Wirkung des Alkohols neutralisieren.

Kommt man dann beschwingt nach Hause:
½ Tasse frisch gepreßten Grapefruit- oder Orangensaft mit ½ Tasse Honig verrühren und langsam trinken. Das soll den Blutalkoholspiegel senken.

Und wenn dann doch ein ausgewachsener Kater seine Krallen zeigt, im Kopf rumort und an den Haarwurzeln zerrt, dann hilft:
1 Tasse starker schwarzer Kaffee mit frisch gepreßtem Zitronensaft und 1 TL Honig
oder
lauwarme Milch mit Honig
oder
1 Glas Portwein verquirlt mit 1 Eigelb, 2 EL Honig und 1 EL Sahne.

Wohl bekomm's!

Kehlkopfentzündung

Mit dem Fachwort Laryngitis bezeichnet, äußert sich die Kehlkopfentzündung in Brennen, Kitzeln, Heiserkeit und Hustenreiz. Die Ursache kann eine Erkältung sein (siehe auch *Erkältung, Halsentzündung, Heiserkeit,* Seiten 67, 75, 77). Für Sänger, Redner und Marktschreier mag eine Überanstrengung der Stimme der Grund für die Beschwerden sein. Dann hilft:

Ingwersirup mit Honig

1 Ingwerwurzel raspeln, mit ½ l Wasser und 2 EL Honig auf 50 g Ingwer sämig kochen und durchseihen. Mehrmals täglich warm teelöffelweise langsam schlucken.

Man kann auch 2 EL Honig und Glyzerin mit 1 EL Zitronensaft mischen und je nach Bedarf in kleinen Portionen mehrmals täglich einnehmen.

Keuchhusten

Keuchhusten, auch Stickhusten genannt, gehört zu den schweren Kinderkrankheiten, kann aber auch Erwachsene befallen. Die krampfartigen Hustenanfälle, bei denen oft unter gleichzeitigem Erbrechen zäher Schleim abgesondert wird, quälen Patienten jeden Alters. Charakteristisch für Keuchhusten ist das pfeifende Geräusch, das beim Einströmen der Atemluft durch die während des Hustens verengte Stimmritze entsteht. Keuchhusten dauert mindestens 4, aber auch bis zu 8 Wochen und gehört in jedem Fall in ärztliche Behandlung. Zur Schleim- und Krampflösung kann man die folgenden Mittel anwenden.

Huflattichauszug mit Honig

1 TL Huflattichblätter und -blüten in 1 l Wasser kalt ansetzen und 4 Stunden ziehen lassen. Dann dreimal aufkochen. Abkühlen lassen, abseihen und die Pflanzenrückstände auspressen. Mehrmals täglich 1 Likörglas leicht erwärmen und mit 1 TL Honig vermischt trinken.

Zwiebelsud mit Honig

4 große weiße Zwiebeln schälen, in Scheiben schneiden, mit 1 l Wasser 2 Stunden lang kochen lassen, dann abseihen. Mehrmals täglich 1 kleines Glas mit 1 TL Honig gesüßt trinken.

Zwiebelessig

2 Zwiebeln in Scheiben schneiden und in ½ l Weinessig weich kochen. Durchsieben und in die Flüssigkeit 2 gute EL reinen Bienenhonig geben. Davon soll der Patient jede Stunde 1 EL einnehmen.

Eibisch- und Huflattichtee

1 TL Tee, gemischt zu gleichen Teilen, auf 1 Tasse kochendes Wasser geben, abseihen, etwas abkühlen lassen und je 1 TL Honig einrühren.

Keine heiße Milch trinken, das verschleimt zusätzlich.

Kopfschmerzen

Kopfschmerzen können sehr unterschiedliche Ursachen haben, zum Beispiel Blutdruck- und Kreislauf- oder Stoffwechselstörungen, seelische Belastung, rheumatische Erkrankungen oder Gifteinwirkung. Sollten bei letzterer Alkohol und Nikotin die auslösenden Gifte sein, so lesen Sie bitte unter dem Stichwort *Kater* (Seite 82) nach. Bei chronischen oder häufigen Kopfschmerzen muß unbedingt nach der Ursache geforscht werden.

Tausendgüldenkrauttee mit Honig (1 TL Honig je Tasse Tee)

Melissensaft mit Honig (1 EL Saft mit ½ TL Honig)

Baldriantee mit Honig (1 TL Honig auf 1 Tasse Tee)

Kreislaufstörungen

Störungen des Kreislaufs sind sehr ernst zu nehmen. Wenn es einem beim Bücken plötzlich schwarz vor Augen wird, wer zu Schwindel- oder gar Ohnmachtsanfällen neigt und dazu noch Herzbeschwerden oder schwankenden Blutdruck hat, sollte unbedingt einen Arzt aufsuchen. Kreislaufstörungen infolge körperlicher oder seelischer Überbeanspruchung aber keinesfalls gleich mit starken Medikamentgeschützen behandeln lassen. Man sollte den Kreislauf mit diesen Honiggaben einzeln oder kombiniert stützen.

Honigmet	Honigmet mit Mineralwasser im Verhältnis 1 : 1 mischen und zweimal täglich 1 Likörglas voll trinken.
Pollen	Pollen mit Bienenhonig zu gleichen Teilen mischen und dreimal täglich 1 TL einnehmen.
Wabenhonig	Dreimal täglich 1 großes Stück zerkauen.
Honigkur	4 Wochen lang täglich morgens nüchtern und abends vor dem Schlafengehen 1 EL Honig essen.

Leberbeschwerden

Die Leber ist die größte Drüse des menschlichen Körpers, sie hat lebenswichtige Aufgaben. Neben der Gallebildung zur Fettverdauung, dem Zuckerstoffwechsel und der Umsetzung von Eiweißstoffen sorgt sie für die Entgiftung des Organismus. Leberbeschwerden äußern sich oft zunächst durch Übelkeit. Eine streng fettarme Diät ist erforderlich, natürlich unter Verzicht auf Alkohol, Nikotin und Koffein (siehe auch *Gallenbeschwerden,* Seite 72). Ist das Weiße der Augen gelblich verfärbt oder gar eine Gelb-Braun-Färbung der Haut und der Schleimhäute sichtbar, sieht außerdem der Stuhl gelblich grau aus, während der Urin bräunlich wirkt, dann ist unbedingt ein Arzt aufzusuchen, denn es besteht der Verdacht auf eine ansteckende Gelbsucht (Hepatitis epidemica). Unterstützend zur Leberdiät wirken die folgenden Rezepte:

Trinkkur mit Milch und Honig im Verhältnis 3:1 (vorzugsweise Magermilch nehmen)

Schleimsuppen mit Honigbeigabe (auf 1 Teller Suppe 2 TL Honig)

Molkekuren mit Honig (auf 1 Glas Molke 2 TL Honig)

Löwenzahntee mit Honig (auf 1 Tasse 1 TL Honig)

Benediktenkrauttee mit Honig (1 TL Honig auf 1 Tasse Tee)

Lidentzündungen (Gerstenkorn)

Wenn sich die Talgdrüse einer Wimper entzündet, bildet sich ein sogenanntes »Gerstenkorn«, das sehr schmerzhaft und unangenehm ist. Ist erst einmal der Eiter heraus, heilt es meist schnell wieder ab, aber bitte niemals versuchen, zu drücken oder gar das Körnchen aufzustechen. Die Gefahr der Verletzung, und vor allem das Risiko, die Infektion zu streuen, ist viel zu groß (siehe auch *Augen, müde und gereizte*, Seite 161).

Augentrosttee-Umschläge (auf 1 Tasse Tee ½ TL Honig)

	Einträufelung von flüssigem Honig in das kranke Auge
	Auflagen von Heilerde mit Augentrosttee und Honig zu Brei verrührt, auf ein Leinenläppchen streichen und stundenweise auflegen
Kamillenteebäder	Tee mit Honig (auf 1 Tasse Tee ½ TL Honig) leicht erwärmen und mit einer Augenbadewanne mehrmals täglich anwenden.

Lippen, aufgesprungene

Meist bekommt man aufgesprungene Lippen bei kaltem, frostigem Wetter, aber auch im Sommerurlaub, wenn Salzwasser und Sonne den empfindlichen Lippen zu sehr zusetzen.

	Zur Vorbeugung: Mehrmals am Tage die Lippen mit Bienenhonig betupfen. Nicht ablecken!
Pflegesalbe	Lanolin und Honig im Verhältnis 4:1 (4 Teile Lanolin, 1 Teil Honig) im heißen Wasserbad anrühren. Der Honig soll flüssig sein. Kühl aufbewahren.

Magengeschwüre

Magengeschwüre entstehen durch Selbstverdauung widerstandsschwacher Stellen der Magenschleimhaut. Betroffen sind besonders Menschen im Alter zwischen 20 und 40 Jahren mit einem empfindlichen vegetativen Nervensystem. Mit anderen Worten: »Ärger frißt den Magen auf« – was nichts anderes bedeutet, als daß die Seele immer beteiligt ist, wenn Magengeschwüre vorhanden sind.

Honigkur	150 bis 200 g Bienenhonig über den Tag verteilt als 2-Wochen-Kur einnehmen.
Tee	von Arnika, Klette, Ringelblume und Wegtritt mit Honig (auf je 1 Tasse 1 TL Honig).

Molkekur

Mehrmals täglich 1 Glas Molke mit 1 TL Honig trinken.

Magenschmerzen

Magenschmerzen treten als Folge von Magengeschwüren auf, möglicherweise handelt es sich aber auch um eine Gastritis, also eine Magenschleimhautentzündung, die sich aufgrund von hastigem Essen, Überladung des Magens oder Streß gebildet hat. Häufig ist auch der Darm betroffen, und es kommt zu Erbrechen und Durchfall.

Benediktenkrautabsud mit Honig

40 g Benediktenkrautblätter in 1 l Wasser 10 Minuten leicht kochen lassen. Abseihen und Pflanzenrückstände gut auspressen. Jeweils ½ Stunde vor den Mahlzeiten 1 Tasse, gesüßt mit 1 TL Bienenhonig, trinken.

Schafgarbentee

1 gehäuften TL Schafgarbe mit ¼ l Wasser aufbrühen und dreimal täglich mit Honig gesüßt trinken.

Magersucht

Magersucht nennt man ein Phänomen, das vor allem bei jungen Mädchen in der Pubertät zu beobachten ist. Sie entwickeln eine Abwehr, ja geradezu einen Ekel vor Essen und magern über die Maßen dessen ab, was man als das moderne Mannequin-Schönheitsideal bezeichnen kann. Psychoanalytiker behaupten, daß diese Mädchen eine unbewußte Angst vor dem Frauwerden haben, und führen als Grund meist eine gestörte Mutter-Tochter-Bindung an. Das in den sechziger Jahren berühmte Fotomodell Twiggy ist ein typischer Fall von Magersucht. Überschlanke Mädchen kann man mit Zwang sicherlich nicht zum Essen bewegen, aber vielleicht helfen Getränke und kleine »Honigmedizin«-Gaben (siehe auch *Appetitlosigkeit,* Seite 60).

Kuren mit Pollenhonig

Blütenpollen mit Honig im Verhältnis 1 : 1 mischen und 4 Wochen lang täglich dreimal je 1 EL einnehmen.

Kuren mit *Gelée royale* über 4 bis 6 Wochen.

Kalmustee

1 gestr. TL Kalmuswurzel in ¼ l Wasser über Nacht kalt ansetzen. Morgens leicht anwärmen und abseihen. Mit 1 TL Honig süßen.

Sahne und Honig – kurmäßig genommen: als Süßspeisen, mit Früchten oder als Getränke über mehrere Wochen.

Beigabe von Honig zu allen Getränken und Süßspeisen (jeweils 1 bis 2 EL Honig).

Menstruationsbeschwerden

Ganz ohne Beschwerden verläuft die Menstruation meist nicht. Alle Frauen kennen das Problem, daß sie kurz vor und während der Monatsblutung besonders empfindlich reagieren, Spannungsgefühl in den Brüsten oder Kreuzschmerzen haben, sich insgesamt unwohl fühlen oder sich gar mit Migräne ins Bett legen müssen. Junge Mädchen klagen oft über Krämpfe, Frauen in den Wechseljahren haben mit depressiven Anfällen zu kämpfen. Die seelische Verfassung spielt bei alldem eine große Rolle. Mit massiven Hormongaben einzugreifen, wie es manche moderne Frauenmediziner gern tun, heißt, in die natürlichen Abläufe störend einwirken.

Frauenmanteltee

1 gehäuften TL Frauenmantel mit ¼ l Wasser überbrühen, kurz ziehen lassen, dann mit Honig gesüßt trinken.

Majorantee mit Honig

20 g Dost- oder Majoranblüten auf 1 l Wasser 10 Minuten kochen und abseihen. Tagsüber 3 Tassen Tee mit je 1 EL Honig trinken.

Müdigkeit

Müdigkeit kann einfach auf Erschöpfung beruhen, vom Wetter abhängig sein oder einen Seelenzustand widerspiegeln. In jedem Fall braucht der Körper Vitamine und Mineralstoffe, um wieder fit zu werden.

Vitaltrank I

2 Eigelb, ¼ Tasse Honig sowie 2 EL trockenen Sherry im Mixer gut vermischen und kühl stellen. Mehrmals täglich 1 EL davon einnehmen.

Vitaltrank II

Honig, Lebertran und Zitronensaft zu gleichen Teilen in den Mixer geben und gut vermischen. Täglich je 1 TL davon vor den Mahlzeiten einnehmen.

Honigmet (dreimal täglich 1 Gläschen)

Brunnenkressesaft mit Honig (1 TL Honig auf 1 Likörglas)

Rote-Bete-Saft mit Honig (1 TL Honig auf 1 Likörglas)

Kirschsaft mit Honig (1 TL Honig auf 1 Likörglas)

Mundfäule

Mundfäule und Mundgeschwüre sind eine unangenehme Sache. Die Entzündung der Mundschleimhaut kann durch Bakterien, Pilze oder Viren verursacht worden sein – manchmal im Anschluß an einen schwierigen Weisheitszahn-Durchbruch. Im schlimmsten Fall zerfällt das Zahnfleisch zu einer gelblichen Masse. Neben dem Kauen von Wabenhonig sind auch die nachstehenden Anwendungen sehr zu empfehlen.

Honig-Zitronen-Desinfektion

¼ Tasse Honig und ¼ Tasse frisch gepreßten Zitronensaft gut miteinander vermischen. Je 1 TL davon im Mund verteilen und so lange wie möglich im Mund behalten, ohne zu schlucken. Diese Prozedur zwei- bis dreimal täglich wiederholen.

Bepinseln von Mund und Rachen mit warmem Honigtauhonig (Waldhonig, Tannenhonig), dreimal täglich ca. 1 EL

Gurgeln mit Honigwasser (1 TL Honig in ¼ l Wasser 5 Minuten kochen, erkalten lassen)

Spülungen mit Kamillen- oder Salbeitee, pro Tasse Tee 1 TL Honig – mehrmals täglich

Süßholz-Honig-Mundwasser

30 g Süßholz
¾ l Weingeist
30 g Honig

Das zerkleinerte Süßholz in eine weithalsige, bauchige Flasche füllen und mit Weingeist übergießen. Die Flasche verkorken. Die Mischung 4 bis 5 Wochen an einem warmen Ort ziehen lassen, dann abfiltern und gut mit dem Honig mischen. In dunkle Flaschen füllen. 1 TL dieses Mundwassers auf 1 Glas warmes Wasser als Spülung zweimal täglich verwenden.
Süßholz-Honig-Mundwasser sollte (schon wegen der langen Ansatzzeit) nicht nur während der Erkrankung verwendet werden. Als tägliche Mundpflege erhält es das Zahnfleisch straff und fest, wirkt blutungshemmend sowie desinfizierend und hilft auch bei Parodontose.

Muskelkrämpfe

Muskelkrämpfe sind nicht nur schmerzhaft, sie können auch gefährlich werden, beim Schwimmen zum Beispiel. Meist treten Muskelkrämpfe so plötzlich auf, daß der Betroffene völlig hilflos ist. Erste Hilfe besteht darin, den zusammengezogenen Muskel sanft, aber kräftig auseinanderzuziehen. Bei einem Wadenkrampf also den Fuß nach oben drücken. Bei häufig auftretenden Muskelkrämpfen kann Kalziummangel vorliegen. Dunkler, zähflüssiger Honig (Wald- oder Tannenhonig, alle Honigtauhonigsorten) enthält ungefähr 25 mg Kalzium pro 100 g. Der Tagesbedarf eines Erwachsenen liegt bei 12 mg.

Honigkur

Dreimal täglich 50 g Blütenmischhonig, Fichten- und Tannenhonig einnehmen. (Honigtauhonig)

Honigverband

Auf den schmerzenden Muskel nach einem Krampf, aber auch nach einer Überanstrengung oder Zerrung Honig streichen, mit Leinen oder Verbandmull abdecken und einen wärmenden Umschlag aus Wolle oder Seide darumwickeln. 2 Stunden wirken lassen und falls nötig wiederholen.

Nachtblindheit

Sofern sie nicht angeboren ist oder auf einer schwerwiegenden Veränderung des Augenhintergrundes beruht – was nur der Arzt feststellen kann –, ist die verminderte Anpassungsfähigkeit der Augen an die Dunkelheit Folge eines Vitaminmangels.

Honig-Möhren-Saft

Auf je 1 Glas möglichst frischen Möhrensaft 1 EL Honig geben, morgens und abends 1 Glas kurmäßig über 3 Monate trinken.

Nagelbettentzündung

Nagelbettentzündung, auch »Umlauf« genannt, entsteht, wenn in eine kleine Verletzung Eiterbakterien gelangen. Deshalb bei der Nagelpflege niemals scharfkantige Metallgegenstände benutzen. Die Nagelhaut möglichst nur zurückschieben und nicht abschneiden. Auch eingewachsene oder sogenannte »Nietnägel« können der Grund für eine Entzündung sein. Mit ein bißchen Sorgfalt läßt sich die schmerzhafte Angelegenheit verhindern.

Lehmpackungen mit Honig

3 EL Heilerde und 1 EL Bienenhonig mit warmem Wasser cremig anrühren. Auf ein Leinenläppchen streichen, um den Finger legen und mit Mull locker verbinden. 6 bis 8 Stunden einwirken lassen, dann erneuern. So lange wiederholen, bis die Entzündung zurückgeht.

Nervosität

Mit diesem Wort wird ein seelischer Zustand bezeichnet, dem man überall und dauernd begegnet. Menschen, die unter Nervosität leiden, sind leicht erregbar und sofort gereizt, wenn etwas nicht nach ihren Vorstellungen funktioniert. Sie bekommen Wutanfälle oder auch Angstzustände. Nervöse Menschen können sich schlecht konzentrieren, sind fahrig und vergeßlich, ermüden schnell, haben aber Schwierigkeiten beim Einschlafen. Bei kleinsten Aufregungen geraten sie ins Schwitzen oder bekommen zittrige Hände. Das leise Ticken einer Uhr, die berühmte Fliege an der Wand oder auch ein bestimmter Geruch bringt sie zur Raserei.
Der Arzt sagt: »Organisch sind Sie in Ordnung, es liegt nur an den Nerven.« Aber auf die leichte Schulter sollte man Nervosität nicht nehmen. Als Folge

können nämlich organische Störungen auftreten, und dann werden zuerst Herz und Magen in Mitleidenschaft gezogen.
Manche Menschen sind durch Erbanlage und Veranlagung nervöser als andere. Heutzutage ist Nervosität aber meist das Ergebnis von physischer und psychischer Überbeanspruchung. Dazu kommen oft noch Gifte aus Zigaretten, Alkohol und Kaffee, die als »Beruhigungs- bzw. Anregungsmittel« genossen werden.
Die ersten Schritte, Nervosität wirksam zu bekämpfen, bestehen in Entspannung und Entgiftung, also Urlaub oder zumindest Wochenendruhepausen und striktes Verbot von Nikotin, Alkohol und Koffein. Dazu kommt eine fettarme, vitaminreiche Diät, die auch scharf Gebratenes und stark Gewürztes ausläßt – dabei sind »beruhigende« Gewürze wie Majoran, Safran und Knoblauch durchaus zugelassen.
Ein kleines Trainingsprogramm hilft auch, mit seelischen Konflikten fertig zu werden. Eine alte Volksweisheit besagt, man solle bei jeder Aufregung zunächst einmal die Augen schließen und langsam bis zehn zählen. Moderne Menschen machen autogenes Training: Man legt sich lang auf den Teppich, versucht, alle Muskeln zu entspannen, so daß die Glieder schlaff und schwer werden, und sagt sich in Gedanken fünfmal vor: »Ich bin nicht nervös, ich bin die Ruhe selbst, mit meinen Nerven ist alles in bester Ordnung.« Diese Übung regelmäßig dreimal am Tag durchgeführt bringt – nachdem man sich anfangs höchst albern vorgekommen sein mag – verblüffenden Erfolg.

Honig-Tee-Kur

Zu gleichen Teilen Lindenblüten, Melisse, Pfefferminze, Baldrian, Johanniskraut, Schafgarbe und Kamille mischen. Von dieser Mischung je 1 EL mit 1 Tasse kochendem Wasser überbrühen. 3 Tassen täglich trinken. Gesüßt wird mit Honig, und zwar nach folgendem Schema: In der 1. Woche nimmt man pro Tasse Tee 1 TL Honig, in der 2. Woche 1½ TL pro Tasse, in der 3. bis zur 8. Woche nimmt man 2 TL, in der 9. wieder 1½ TL und in der 10. Woche 1 TL Honig pro Tasse Tee. Selbstverständlich wird der Honig in den auf 40 Grad erkalteten Tee eingerührt. Die Kur erfordert Geduld und Ausdauer.

Hefekur	Jeden Morgen 1 großes Glas nicht zu kaltes Mineralwasser mit 1 EL Bienenhonig und 20 g Vitamin-B-haltiger Hefe verrühren und trinken. Die Kur sorgt für kräftigere Durchblutung der Herzkranzgefäße und regt die Stoffwechselvorgänge an.
Lezithinkur	1 Glas Milch, 1 Eigelb und 1 EL Honig gut verquirlen und zweimal täglich einnehmen.
Bei Schlafstörungen	(siehe auch Seite 97) Ehrenpreis- oder Baldriantee mit Honig gesüßt vor dem Schlafengehen trinken.

Quetschungen

Quetschungen und Prellungen ergeben böse Blutergüsse, weil durch »stumpfe Gewalt« (Druck, Schlag, Stoß) Weichteile unter der Haut verletzt oder zerstört sind. Solche blauen Flecken sind nicht nur unschön, sie schmerzen auch und bauen sich oft nur langsam ab.

Umschläge mit Öl und Honig (2 EL Oliven- oder Mandelöl mit 2 EL Honig)

Umschläge mit Honig-Essig-Wasser (10 Teile Wasser, 1 Teil Essig, 2 Teile Honig)

Auflagen von Quark mit Honig (auf 200 g Quark 2 EL Honig)

Rekonvaleszenz

Nach einer schweren Krankheit, die glücklich überstanden ist, möchte man so schnell wie möglich wieder auf die Beine kommen. Aber man fühlt sich matt, ermüdet schnell, die Muskeln schmerzen, und mit der Konzentrationsfähigkeit hapert es. Der Körper fordert eine Schonzeit, um wieder zu Kräften zu kommen. Rückfälle sind schlimm, deshalb sollte man Schonung und Ruhe sehr ernst einhalten: mindestens 8 Stunden schlafen, leichte, aber vitaminreiche und frische Kost genießen, die Muskulatur nach langem Liegen mit Spaziergängen und ein wenig Gymnastik langsam wieder an Belastung gewöhnen.

Ein vorzügliches Mittel, die körperlichen Widerstandskräfte zu mobilisieren, ist eine *Honigkur*. Sie ist einfach durchzuführen: zweimal täglich, morgens und abends, je 1 TL Bienenhonig vor den Mahlzeiten nehmen. Nach 4 bis 5 Tagen die Dosis auf dreimal täglich erhöhen. Dann nach 10 Tagen wieder auf zweimal täglich zurückgehen und die Kur schließlich nach 3 bis 4 Wochen beenden.

Energiedrinks

1. 500 g Kefir werden mit 1 EL Bienenhonig, 2 EL zarten Haferflocken und 1 Eigelb verrührt. 1 Zitrone auspressen, den Saft unter ständigem Quirlen dazugeben und so lange weiterquirlen, bis die Flöckchen aufgelöst sind. Sogleich austrinken.
   Der Drink hilft auch bei Streß als Aufmunterung.

2. 1 Eidotter, ⅛ l frischen Orangensaft und 1 TL Bienenhonig verquirlen. Dieser Drink spendet schnell Energie.

3. ½ l Milch erwärmen, 1 EL Kakao darin auflösen, mit 1 bis 2 EL Honig süßen.

Honig-Salbei-Wein

75 g Salbeiblätter in 1 l erhitzten Wein einlegen und 3 Tage ziehen lassen. Abseihen und den Honig beifügen. Zwischen den Mahlzeiten jeweils 1 Likörglas trinken. Die Kur 4 bis 6 Wochen durchführen.

Rheumatische Erkrankungen

Rheumatische Erkrankungen der Muskeln, Sehnen und Gelenke sind weit verbreitet. Mal tritt das »Gliederreißen« ohne ersichtlichen Grund auf, mal ist Erkältung oder Überanstrengung der Auslöser. Oft fließen die Schmerzen, das heißt, sie ziehen im Körper umher. Die schmerzenden Schultern sind plötzlich gesund, dafür tut es im Rücken weh.
Schwere Fälle von Rheumatismus erfordern eine Ganzheitsbehandlung mit entsprechenden Kuren und einer Diät, die der Arzt verordnet. Bei gelegentlich auftretenden rheumatischen Beschwerden hilft ein – wie der Name schon andeutet – uraltes Rezept:

Römerbad

500 g Honig und 1 Tasse Meersalz in ein warmes Wannenbad geben. Nicht mit zu heißem Wasser anfangen, damit die Wirkstoffe des Honigs nicht gleich zerstört werden. Wer mag, kann die Badetemperatur duch Zulauf von heißem Wasser dann langsam erhöhen.
Anschließend kurz kalt abduschen und die Haut dann gut frottieren, damit die heilungsfördernde Nacherwärmung eintritt. Möglichst gleich zu Bett gehen. Das Bad nimmt die Schmerzen und beruhigt auch die Nerven.

Rheumakuren

Brombeer-Essig-Trank

1 Glas Brombeersaft mit 1 TL Essig und 1 EL Honig gut vermischen. Dreimal täglich 1 EL voll einnehmen.

Wacholderbeeren-Honig-Kur

(über 4 Wochen)
Am 1. Tag 2 Wacholderbeeren hacken oder im Mörser zerstoßen, mit 1 TL Honig mischen und einnehmen, dann täglich 1 Wacholderbeere mehr und entsprechend mehr Honig. Nach 14 Tagen (15 Wacholderbeeren in 10 TL Honig) den Vorgang rückwärts durchführen.

Schlafstörungen/Schlaflosigkeit

Der eine kann nicht einschlafen, der andere wacht nach wenigen Stunden wieder auf, der dritte dämmert in unruhigem Halbschlaf vor sich hin, ein vierter schreckt immer wieder aus schlechten Träumen hoch. Alle haben gemeinsam, daß sie sich am Morgen wie gerädert fühlen, so als hätten sie überhaupt nicht geschlafen. Schlaf ist lebenswichtig. Der Körper braucht die Ruhepause, um seinen biologischen Haushalt zu regenerieren und das Nervensystem mit frischer Energie aufzuladen. Wer unter Schlafstörungen leidet, fühlt sich der Beanspruchung des Alltags nicht gewachsen. Aber gerade Streß, Überbelastung und seelische Probleme sind es, die die Schlaflosigkeit heraufbeschwören. Wir haben es mit einer typischen Zivilisationskrankheit zu tun, von der beileibe nicht nur Erwachsene betroffen sind. Jedes vierte Kind unter 12 Jahren kann nachts nicht ruhig schlafen.
Medikamente helfen nur vordergründig. Schlafmittel versetzen in einen Zustand der Bewußtlosigkeit, die mit erholsamem Schlaf nichts gemein hat. Außerdem können solche Tabletten zu einer gefährlichen Gewöhnung führen – man nimmt immer mehr, weil die Wirkung im eigenen Körper nachläßt. Honig ist völlig ungefährlich und wirkt nicht nur von innen, sondern auch äußerlich.

Vor dem Schlafengehen ein warmes – nicht heißes! – *Bad mit Honig nehmen* (200 g Honig auf 1 Wanne Wasser geben, kurz kalt abduschen, gut frottieren, dann gleich ins Bett gehen).

Ein wenig Ganzheitstherapie ist obendrein erforderlich: abends 1 EL Honig und nur leichtverdauliche Speisen essen, aber nie nach 19 Uhr! Nach dem Abendbrot ½ Stunde spazierengehen. Das Schlafzimmer gut lüften und kühl halten. Möglichst bei offenem Fenster schlafen. Insgesamt für einen geregelten Lebensrhythmus sorgen.

Getränke und Mixturen für guten Schlaf:

¼ l warme Milch, 1 EL Bienenhonig

¼ l warmes Wasser, 1 EL Bienenhonig

¼ l warmes Bier, 1 EL Bienenhonig

¼ l Anistee (1 TL Anissamen mit Wasser überbrühen, 5 Minuten ziehen lassen, mit 1 EL Honig süßen)

¼ l Honigmet, leicht erwärmt

¼ l Fliederbeersaft, 1 EL Bienenhonig

Schlaftee

3 Teile Baldrian, je 2 Teile Hopfen, Kamillenblüten sowie Melisse und 1 Teil Pfefferminze gut vermischen. 1 EL der Teemischung mit ¼ l kochendem Wasser überbrühen, kurz ziehen lassen, dann abseihen. In den etwas abgekühlten Tee 1 bis 2 TL Honig rühren, in kleinen Schlucken vor dem Schlafengehen trinken.

Schlummertrunk

1 EL Magermilchpulver und 2 Kalziumtabletten in ¼ l heißer Magermilch auflösen. Die etwas abgekühlte Mischung mit Honig abschmecken.
Das warme Getränk lockt das Blut aus dem überaktiven Gehirn. Kalzium entspannt zusätzlich.

Fenchelmilch

2 TL Fenchelsamen in ¼ l Milch aufkochen, abseihen und etwas abkühlen lassen.
Mit Bienenhonig gesüßt schmeckt Fenchelmilch vor allem Kindern gut und bringt auch den wildesten Unruhestiftern einen ruhigen Schlaf.

Apfelessigtrunk

2 TL Apfelessig mit 2 TL Honig mischen, einnehmen und danach ½ Tasse lauwarmes Wasser trinken.

Speziell die Herren, aber auch die Damen der Schöpfung, die alles »Gesunde« prinzipiell verabscheuen, sollten sich unter der Rubrik »Getränke« ein Rezept heraussuchen. Auch Punsch, Grog oder Bowle mit Honig sind schlaffördernd.

Schluckauf

Schluckauf oder Schluckser nennt man das unwillkürliche krampfartige Einatmen, das vom sich stoßweise zusammenziehenden Zwerchfell ausgelöst wird. Schluckauf kann recht lästig, ja sogar schmerzhaft und quälend sein.

Meist hilft schon *1 Löffel Honig,* um den Krampf zu lösen. Zusätzlich sollte man den Atem anhalten, und zwar so, daß die gefüllte Lunge beruhigend auf das Zwerchfell drückt. Bei häufig auftretendem Schluckauf ist eine *Honigkur* angebracht (siehe auch *Muskelkrämpfe,* Seite 91).

Schwangerschaft

Schwangerschaft ist alles andere als eine Krankheit! Viele werdende Mütter fühlen sich sogar besser und gesünder als jemals zuvor.
In den ersten Monaten tritt allerdings manchmal Übelkeit auf. Dann hilft *Melissentee* (1 TL auf 1 Tasse Wasser) mit Honig. Als Mittel gegen Brechreiz empfiehlt Dr. Thomas von Kreybig (Universität Hamburg) einfach 1 Löffel Honig. Auf eine gesunde Vollwerternährung kommt es während der Schwangerschaft mehr als sonst an, denn das werdende Leben »ißt« auf seine Weise mit. Daß Nikotin, Alkohol und auch Koffein zu meiden sind, versteht sich fast von selbst. Auf die Verbotsliste gehört aber auch Zucker in jeder Form. Zucker »frißt« Kalzium, das für Babys Zahn- und Knochenaufbau schon jetzt wichtig ist. Obendrein verbraucht die Zuckerverwertung im Körper das wichtige Vitamin B_1. Honig dagegen bringt alle wichtigen Mineralien und Vitamine für Mutter und Kind mit. Gerade bei Heißhunger auf Süßes, der ungefähr ebensohäufig auftritt wie die Lust nach sauren Gurken, hilft Honig auch noch Kalorien sparen. Honig ist süßer als Zucker!
Bei Erkältungen, Schlafstörungen, Kopfschmerzen oder anderen Beschwerden ist für Schwangere allerhöchste Vorsicht im Gebrauch von Medikamenten geboten. Niemals irgend etwas einnehmen, ohne vorher den Arzt gefragt zu haben! Für kleinere Unpäßlichkeiten finden sich in diesem Buch unter den verschiedenen Rubriken die passenden unschädlichen Heilmaßnahmen.
Über ihr Äußeres haben werdende Mütter wenig zu klagen. Die meisten sehen blühend aus, vielleicht sogar weiblicher, weicher und hübscher. Die vermehrte Ausschüttung von Hormonen macht die Haut glatt und zart sowie das Haar voll und üppig. Besonderer Pflege bedarf aber die Haut von Bauch

und Brüsten, die sich im Verlauf der Schwangerschaft ja extrem dehnen muß. Regelmäßige Massage mit *Weizenkeim-* oder *Mandelöl* hilft, die unschönen Schwangerschaftsstreifen zu vermeiden. Dann und wann kann man den strapazierten Hautpartien auch eine *straffende Maske* angedeihen lassen, wie sie sonst nur dem Gesicht zugute kommt (siehe *Kosmetik mit Honig,* Seite 32).
Diese Behandlung sollte nach der glücklichen Geburt fortgesetzt werden, dann ist bald wieder alles glatt und straff.
Die *Brustwarzen* müssen schon während der Schwangerschaft auf die Belastung durch ein eifrig saugendes Mündchen vorbereitet werden. Kräftiges Massieren mit einer *Weizenkeim-* oder *Mandelöl-Honig-Mischung* im Verhältnis 1 : 1 hilft auch gegen Wundwerden oder schmerzhafte Dehnungsrisse. Vor dem Stillen die Brustwarzen aber wieder gründlich säubern.
Bei *Wundschmerzen* im Schambereich nach einem Dammschnitt oder bei feinen Rissen in den Schamlippen und der Vaginaöffnung wird nach jedem Toilettenbesuch mit *Kamillenlösung* (Teeaufguß oder verdünnte Kamillentinktur) *und Honigzusatz* (1 TL auf 1 l Lösung) gespült. Einmal täglich auch ein *Sitzbad* mit reichlich *Kamillen-Honig-Lösung* machen.

Soor/Schwämmchen

Der meist als harmloser Schmarotzer auf Mund-, Darm- oder Vaginalschleimhaut lebende Soorpilz kann gelegentlich zu Entzündungen führen. Bei Säuglingen zeigen sich an den Lippen und im Mund weiße Beläge, die wie Milchreste aussehen, sich aber nicht abwischen lassen. Versucht man, sie zu entfernen, fängt die Haut darunter zu bluten an. Höchste Sauberkeit und ärztliche Behandlung sind erforderlich, damit die Pilze nicht in den Darm geraten oder Babys Po befallen.
Bei Erwachsenen tritt Soor im Mund nach Antibiotikabehandlungen auf, die den normalen Keimgehalt der Mundhöhle stören.

Pinselung von Mundhöhle und Rachenraum mit warmem Honig (Erste Hilfe bei Säuglingssoor: Auftupfen von Honig)

Gurgeln mit Honigwasser (1 Glas warmes Wasser, 1 TL Honig, 1 Msp. Borax)

Unterschenkelgeschwüre

Diese Geschwüre treten als Folge von Krampfadern auf. Die oberflächliche Zellschicht der Haut geht verloren. Es entsteht eine offene Stelle, deren Grund bedeckt ist mit weichen, leicht blutenden, eiternden Fleischwärzchen. Die Geschwüre heilen sehr schlecht.

Honig-Lebertran-Verband
Honig und Lebertran im Verhältnis 2 : 1 mischen, auf ein Leinenläppchen streichen und auflegen.

Honig-Olivenöl-Salbe (3 Teile Honig, 1 Teil Olivenöl)

Honig-Mehl-Brei (1 EL Honig, 2 TL Roggenmehl)

Die jeweilige Honigauflage locker mit Mullverband abdecken und täglich erneuern.

Verrenkungen/Verstauchungen

Verrenkungen und Verstauchungen sind Gelenkverletzungen. Wenn nach einem Unfall – für eine Verstauchung genügt es manchmal, mit dem Fuß umzuknicken – ein Gelenk deformiert erscheint und jede Bewegung mit heftigen Schmerzen verbunden ist, muß ein Arzt überprüfen, ob Gelenkkapsel und Bänder in Mitleidenschaft gezogen sind. Erste Hilfe verschaffen kühle Umschläge.

Honig-Arnika-Kompressen

Tinktur aus 100 g Arnikablüten 14 Tage in ½ l Alkohol ziehen lassen. Die Arnikablüten abfiltern, die Tinktur im Verhältnis 1 : 10 mit abgekochtem oder destilliertem Wasser verdünnen und 50 g Bienenhonig beifügen. Mehrmals täglich eine Kompresse mit getränktem Leinenverband auflegen und ab und zu erneuern.
Arnikatinktur sollte man in der Hausapotheke haben. Die Kompressen helfen auch bei Quetschungen und Entzündungen.

Verstopfung

Verstopfung gehört zu den »Errungenschaften« unserer Zivilisation, die Millionen Menschen schweigend erdulden. Schnelles, hastiges Essen von ballaststoffarmer Kost, wenig Bewegung, auch mangelnde Rücksichtnahme auf die wichtigen Bedürfnisse unseres Körpers führen zu diesem lästigen Leiden.

Die Neigung zu Obstipation ist individuell verschieden. Wer aber bei einer gelegentlichen Verstopfung gleich zu Abführmitteln greift, tut oft schon den ersten Schritt, die Beschwerden chronisch werden zu lassen.

Die Behandlung von häufig auftretender Obstipation fängt schon bei der Auswahl der Nahrungsmittel an: Rohkost, Vollkorngetreide, Obst und Sauermilchprodukte sorgen für die nötigen Ballaststoffe und begünstigen die Darmflora.

»Gut gekaut ist halb verdaut« ist kein dummer Spruch, denn die Verwertung der Nahrung beginnt im Mund bei gründlicher Zerkleinerung und Einspeichelung. Geduldiges Kauen hat außerdem positive Nebeneffekte: Man schmeckt mehr und ißt weniger!

Wer seinen Darm so ernst nimmt, daß er ihm täglich eine bestimmte Uhrzeit zur Entleerung zugesteht, tut einen weiteren Schritt zur geregelten Verdauung.

Der tägliche Löffel Honig ist ein mildes und absolut unschädliches Verdauungsmittel, das Verstopfungen vorbeugt.

Verdauungsfrühstück

3 Kurpflaumen über Nacht einweichen, mit der Flüssigkeit im Mixer pürieren. Mit 1 Becher Joghurt und 1 EL Honig verrühren. Vollkorn- oder Knäckebrot dazu essen.

Weizenkleie-Honig-Müsli

1 Becher Joghurt, 1 EL Honig, 1 El Weizenkleie und 1 kleingeschnittene Feige vermischen und abends vor dem Schlafengehen essen.

Honig-Frucht-Paste

250 g Kurpflaumen
250 g Feigen
5 EL geschroteter Leinsamen
5 EL Honig
5 g gemahlene Sennesblätter

Pflaumen und Feigen waschen und durch den Fleischwolf drehen, dabei den Leinsamen löffelweise zugeben und mit durchlaufen lassen. Die Masse mit nicht zu flüssigem Honig und den gemahlenen oder im Mörser feinzerstoßenen Sennesblättern gründlich verkneten. Würste formen, in Folie eindrehen und im Kühlschrank aufbewahren. Täglich morgens vor dem Frühstück ein nußgroßes Stück davon zerkauen – für Kinder reicht ein Drittel der Menge –, bis sich eine normale Verdauung einstellt.

Tee gegen Verstopfung

2 EL Bärlappkraut
2 EL Faulbaumrinde
2 EL Süßholz
1 EL Rhabarberwurzel
3 EL Bitterkleeblätter
3 EL Walnußblätter

1 EL dieser Mischung auf 1 Tasse Wasser 6 bis 8 Minuten ziehen lassen, morgens und abends je 1 Tasse mit Honig gesüßt trinken.

Wunden

Kleine Verletzungen an den arg strapazierten Händen, an Füßen, die ständig in Strümpfen und Schuhen stecken, an den Knien oder anderen ständig der Reibung von Kleidungsstücken ausgesetzten Körperstellen wollen manchmal gar nicht heilen, entzünden sich und eitern auch. In vielen Fällen hilft schon ein wenig aufgetupfter Honig (siehe auch *Unterschenkelgeschwüre,* Seite 101).

Honig-Lebertran-Salbe

4 Tropfen Lebertran mit 1 TL Honig verrühren, auf ein Leinen- oder Mulläppchen geben und locker über die Wunde binden. Über Nacht einwirken lassen. Meist ist am nächsten Morgen schon eine Besserung zu spüren. Die Behandlung fortsetzen, bis die Stelle gänzlich geheilt ist.

Honig-Ringelblumen-Salbe

20 g Ringelblumenblüten in ⅛ l Wasser kalt ansetzen und dreimal aufkochen lassen, 30 Minuten ziehen lassen und abseihen. Dann wieder leicht erwärmen und so viel unter 100 g Ultrabassalbe rühren, daß die Masse cremig bleibt. Zum Schluß 50 g Bienenhonig zufügen, der möglichst weiche Konsistenz haben soll.

Zahnfleischentzündungen

Zahnfleischentzündungen sind leider meist das Ergebnis von vernachlässigter Zahn- und Mundpflege. Aber auch bei Erkältungen kann das Zahnfleisch anschwellen, sich röten und bluten.

Einnahme von Rosenhonig

100 g frische Rosenblätter in einem Porzellangefäß mit kochendem Wasser übergießen, 12 Stunden ziehen lassen, abseihen und mit 120 g Bienenhonig vermischen. In einem emaillierten Topf bei kleiner Flamme kochen lassen, bis die Masse sirupartig ist. Mehrmals täglich 1 TL voll davon im Munde zergehen lassen und das Zahnfleisch mit Rosenhonig bepinseln.

Tee-Honig-Spülung

Zinnkraut, Johanniskraut und Walnußblätter zu gleichen Teilen mischen. Je 1 TL mit 1 Tasse kochendem Wasser überbrühen, ziehen lassen und abseihen. 1 TL Honig in die abgekühlte Flüssigkeit rühren. Zwei- bis dreimal täglich den Mund damit kräftig spülen.

III. Kapitel
Kochen mit Honig

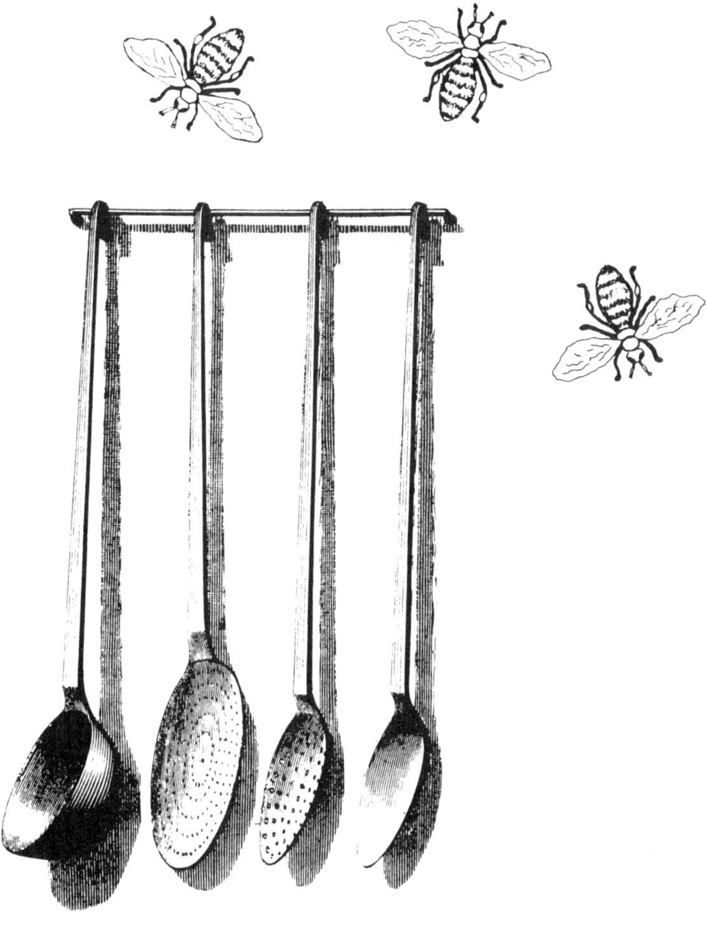

Kochen mit Honig

Seinen traditionellen Platz hat der Honigtopf bei uns auf dem Frühstückstisch. Traditionell ist auch die Verarbeitung von Honig in der Weihnachtsbäkkerei. Den Tee mag man vielleicht noch mit Honig süßen, und daß er Verwendung in vielerlei Süßspeisen findet, wird jedermann einleuchten.
Aber Honig ist mehr als Brotaufstrich und Süßmittel!
Honig ist zum Beispiel ein gar wundersames Gewürz, das den Eigengeschmack der Speisen zur Geltung bringt, ohne selbst dabei in den Vordergrund zu rücken. Wer einmal beginnt, mit Honig abzuschmecken, wird ein Löffelchen davon an Saucen, Salaten, Suppen, Fleisch-, Fisch- und Gemüsegerichten nicht mehr missen wollen.
Die folgenden Rezepte geben die Anregung – der Phantasie sind beim Kochen mit Honig keine Grenzen gesetzt!

Einige Grundregeln gilt es aber zu beachten:

- Sowohl die Inhalts- als auch die Aromastoffe des Honigs leiden bei starker Erhitzung. Honig als Gewürz also möglichst ganz zuletzt zufügen, sozusagen als Abrundung. Für Backwaren sollte der Ofen nicht über 120 bis 130 Grad geheizt werden, dafür lieber die Backzeit verlängern. Übrigens dient Honig im Gebäck als natürliches Konservierungsmittel; Kuchen, Brote und Plätzchen halten sich länger.
- Wer Honig in seinem Lieblingsrezept anstelle von Zucker verwenden möchte, muß bedenken, daß Honig 18 bis 20% Wasser enthält. Besonders bei Backwaren ist es also wichtig, daß man 2 bis 3 EL Flüssigkeit (Wasser oder Milch) weniger nimmt. Außerdem dem Teig noch Backnatron zufügen, und zwar ½ TL pro Tasse Honig.
- Honig ist süßer als Zucker, je nach Honigsorte ungefähr um ein Drittel. Die Süßkraft von 1 TL Honig entspricht also 1⅓ TL Zucker. Für Rezepte, in denen zum Beispiel 120 g Zucker angegeben ist, braucht man nur 80 g

Honig. Honig hilft damit, auch Kalorien zu sparen – von den Vitaminen und Mineralstoffen, die er mitbringt, ganz zu schweigen.

- Honig ist ziemlich säurehaltig. Zum Kochen und Backen deshalb keinesfalls Aluminium- oder Kupfergefäße verwenden. Auf Gußeisen können sich Spuren zeigen. Ideal sind Kochgeräte aus Edelstahl oder emailliertes Geschirr.
- Zum Abmessen von Honig Löffel, Tasse oder Waagschale mit Öl bestreichen, dann klebt der Honig nicht fest.

Maßangaben:
1 TL Honig = 20 Kalorien
1 EL Honig = 3 TL
¼ Tasse Honig = 4 EL
1 Tasse Honig = ¼ l

Honig aufbewahren
Honig ist lichtempfindlich und zieht sowohl Gerüche als auch Feuchtigkeit an.
Zum Verkauf im Laden wird Honig meist in Glasgefäße abgefüllt. Kaufen Sie nur dort, wo Sie sichergehen können, daß die Honiggläser nicht wochenlang herumgestanden haben.
Zu Hause das Honigglas in einem trockenen Schrank aufbewahren und stets fest verschlossen halten. Natürlich sollten im selben Schrank keine Wasch- und Putzmittel stehen!
Mehr Pflege braucht der Honig nicht. Er verdirbt nicht und behält selbst bei Zimmertemperatur alle seine Wirkstoffe. Jeder Honig kristallisiert allerdings je nach Sorte früher oder später. Das bedeutet keinen Qualitätsverlust. Im lauwarmen Wasserbad wird der Honig schnell wieder flüssig.

Frühstück

Frühstück

Die erste Mahlzeit sollte für viele – besonders berufstätige – Menschen die wichtigste Mahlzeit des Tages sein, denn dazu gehören schon all die Nähr- und Wirkstoffe, die der Körper in den folgenden, anstrengenden Stunden braucht.
Für das Frühstück muß man sich Zeit lassen – also lieber ½ Stunde früher aufstehen! Und wenn es doch nur für eine Tasse Kaffee im Stehen reicht, dann bitte mit Honig, denn mit Honig fängt der Tag gut an!

Porridge mit Honig

(1 Portion)
2 Tassen frische Vollmilch
4 gehäufte EL Vollkornhaferflocken
1 Prise Meersalz
2 EL flüssiger Honig
4 EL Sahne

Milch, Haferflocken und Salz kalt aufsetzen, unter Rühren einmal aufkochen, dann vom Herd nehmen und zugedeckt noch 3 bis 4 Minuten quellen lassen. Honig überträufeln und Sahne angießen. Wer auf Kalorien achten will, kocht das Porridge mit Wasser und nimmt statt Sahne Milch.

Frühstücksreis

(4 Portionen)
1 Tasse Naturreis
4 Tassen Milch
1 Tasse Weinbeeren (ungeschwefelte Rosinen)
4 EL flüssiger Honig

Den Reis in der Schrotmühle oder im Mixer zerkleinern, Reisschrot mit Milch und Weinbeeren zum Kochen bringen. Im zugedeckten Topf 15 bis 20 Minuten garen lassen. Vor dem Servieren mit Honig beträufeln.
Frühstücksreis schmeckt auch gut mit frischen Früchten.

Dreikörnerfrühstück

(1 Portion)
1 TL Haferkörner
1 TL Gerstenkörner
1 TL Weizenkörner
1 Tasse Wasser
1 Prise Salz
1 TL Butter
1 bis 2 TL Honig
1 bis 2 TL Weinbeeren
süße oder saure Sahne nach Geschmack

Die Getreidekörner mischen und in der Schrotmühle oder im Mixer zerkleinern. Man kann sie auch fertig geschrotet kaufen. Getreideschrot mit kaltem Wasser aufsetzen, unter Rühren zum Kochen bringen und dreimal aufwallen lassen. Salz und Butter zugeben und weiterrühren, bis der Brei etwas abgekühlt ist. Dann Honig und Weinbeeren zufügen. Dreikörnerfrühstück mit Sahne servieren.
Auch frische Beeren, Bananenscheiben oder Apfelkompott schmeckt gut dazu.

Apfelmüsli

(4 Portionen)
200 g kernige Haferflocken
4 kleine Äpfel
50 g gehackte Nüsse
50 g Korinthen
½ l Milch
6 EL Honig

Haferflocken, geraspelte Äpfel, Nüsse und Korinthen mischen. In 4 Schalen verteilen. Milch mit Honig schlagen und über das Müsli geben.

Orangen-Apfel-Müsli

(1 Portion)
2 EL kernige Haferflocken
1 kleiner Apfel
1 EL Rosinen
1 EL gehackte Nüsse
Saft von 1 Orange
1 Tasse Milch
2 EL Honig

Haferflocken mit geraspeltem Apfel (mit der Schale!), Rosinen und Nüssen mischen. Den Orangensaft hinzugeben. Milch mit dem Honig so lange leicht erwärmen, bis der Honig geschmolzen ist. Über die Müslizutaten geben und sofort servieren.

Schönheitsmüsli

(1 Portion)
2 EL kernige Haferflocken
2 EL geschroteter Leinsamen
1 gehäufter TL Weizenkeime
1 EL gehackte Nüsse
1 EL Kieselerde (Pulver)
1 EL Honig
4 EL Sahnejoghurt
1 Tasse Wasser
1 geriebener Apfel
3 EL Zitronensaft
1 EL eingeweichte Weinbeeren

Haferflocken, Leinsamen und Weizenkeime mischen, Nüsse und Kieselerde zufügen. Honig und Joghurt verrühren, mit dem Wasser mischen und über die trockenen Zutaten gießen. Den geriebenen Apfel darauf verteilen, mit Zitronensaft beträufeln. Das Müsli soll kein Brei werden, deshalb alle Zutaten locker untereinanderheben. Zum Schluß die Weinbeeren überstreuen und evtl. noch etwas Honig darauftropfen lassen.

Honig-Frucht-Joghurt

(1 Portion)
1 Kiwi
1 Banane
1 Orange
1 säuerlicher Apfel
1 Dörrzwetschge
1 Becher Joghurt
Saft von ½ Zitrone
1 EL Bienenhonig
1 EL kernige Haferflocken

Obst schälen und feinschneiden. Joghurt, Zitronensaft und Bienenhonig miteinander verquirlen. Über das Fruchtgemisch gießen. Obenauf ein paar braungeröstete kernige Haferflocken verteilen.

Zwiebackmüsli

(1 Portion)
1 säuerlicher Apfel
2 EL gehackte Nüsse
3 Vollkornzwiebäcke
⅛ l naturreiner Apfelsaft
1 EL Honig

Apfel mit der Schale raspeln, mit Nüssen und geriebenem Zwieback mischen. Apfelsaft mit Honig leicht erwärmen, bis der Honig gelöst ist. Die Mischung über das Zwiebackmüsli geben.

Rohkostmüsli nach Pfarrer Kneipp

(2 Portionen)
250 g Quark
4 EL Honig
1 Apfel
⅛ l Milch
1 EL Zitronensaft
1 TL Nußmark
2 TL kernige Haferflocken
1 TL gemahlener Leinsamen

Quark mit Honig mischen. Apfel feinreiben und mit allen anderen Zutaten zum Quark geben und gut verrühren.

Dr. Kriegers Müsli

(4 Portionen)
gut ⅛ l Milch
1 unbehandelte Zitrone
3 EL Haferflocken
3 EL flüssiger Blütenhonig
1 EL Rosinen
1 Apfel
2 getrocknete Feigen oder Kurpflaumen
1 Banane
evtl. 100 g frische (oder gefrorene) Beeren (Erdbeeren, Himbeeren, Heidelbeeren)
10 Walnußkerne
10 Mandelkerne
2 Becher Joghurt (Kefir oder Dickmilch)

Milch in einem Topf erhitzen, von der Kochstelle nehmen. Zitronenschale abreiben, den Saft von ½ Zitrone auspressen. Mit Haferflokken, Honig und gewaschenen Rosinen in die Milch rühren und mindestens 30 Minuten stehen lassen. Inzwischen Äpfel schälen und reiben. Feigen oder Pflaumen in Stücke schneiden. Banane schälen und in Scheiben schneiden. Beeren säubern bzw. auftauen lassen. Nüsse und Mandeln hacken.
Früchte und Nüsse mit dem Haferflockenbrei vermischen. Das Müsli zum Frühstück mit Joghurt (Kefir oder Dickmilch) servieren.

Honigquark

(2 Portionen)
250 g Magerquark
2 EL Sahne oder Milch
1 EL Honig
2 EL Sanddorn (honiggesüßt)

Alles gut vermischen und abschmecken. Falls der Quark sehr trocken ist, mehr Sahne bzw. Milch verwenden.
Dazu Knäckebrot oder Zwieback mit Butter bestrichen reichen, und Sie haben ein Schlankheitsfrühstück!

Grapefruit, gegrillt

(2 Portionen)
1 Grapefruit
50 g Honig

Grapefruit schälen und in Abschnitte trennen. In eine Pfanne nebeneinanderlegen, mit reichlich Honig übergießen und im Grill oder Backofen bräunen. Heiß servieren.

Frühstücksbrötchen

(16 Stück)
1½ Tassen Weizenkleie
1¼ Tassen Vollkornmehl
¼ Tasse Weizenkeime
1 gestrichener EL Backpulver
1 Ei
1¼ Tassen Magermilch
½ Tasse Honig
⅓ Tasse Sonnenblumenöl
¼ Tasse gehackte Sonnenblumensamen
¼ Tasse Korinthen

Kleie, Mehl, Weizenkeime und Backpulver in einer Schüssel mischen. Ei und Milch dazugeben, stark schlagen, dann 3 Minuten ziehen lassen. Die restlichen Zutaten zugeben und noch einmal gut verrühren. Den Teig in kleine Gebäck-Kuchenformen füllen oder 16 Brötchen auf ein Kuchenblech formen. 25 Minuten bei mittlerer Hitze backen.
Die Brötchen helfen der Verdauung sowie beim Abnehmen und enthalten hochwertige Nährstoffe.

Honigbrötchen

500 g Weizenmehl
30 g frische Hefe
¼ l Milch
4 EL Honig
1 TL Salz

1 EL Milch
1 Ei
Mohn oder Sesam zum Bestreuen

Mehl in eine Schüssel sieben und in die Mitte eine kleine Vertiefung drücken. Hefe in etwas warmer Milch auflösen, in die Mulde geben und 15 Minuten an einem warmen Ort ziehen lassen. Honig mit der restlichen Milch verrühren und mit dem Mehl, dem Salz und dem Hefeansatz zu einem glatten Teig verarbeiten. Den Teig so lange schlagen, bis er Blasen wirft. Nochmals zugedeckt 15 Minuten gehen lassen. Dann durchkneten und ca. 12 Brötchen, Brezeln oder Zöpfchen formen. Milch mit Ei verquirlen, die Brötchen damit bestreichen und Mohn oder Sesam darüberstreuen. Die Brötchen auf einem leicht gefetteten Backblech im vorgeheizten Backofen bei 225 Grad 20 bis 25 Minuten goldbraun backen.

Kinderfrühstück

Eine halbe Million deutscher Kinder bekommen ein falsches oder überhaupt kein Frühstück, bevor sie in die Schule gehen. Ergebnis: Sie lernen schlecht, denn ohne entsprechende Grundlage sinken Blutzuckergehalt und Blutdruck. Die Kinder können sich nicht mehr konzentrieren und ermüden schnell.

Das einfachste und dennoch ideale Kinderfrühstück ist eine Scheibe Vollkornbrot mit Butter und Honig, dazu ein Becher Kakao. Für Abwechslung sorgen verschiedene Brotsorten oder Müslis.
Aber es gibt auch kleine Morgenmuffel, bei denen »schläft« der Magen noch, und der Appetit stellt sich erst später ein. Kindern, die morgens lustlos auf ihrem Brot herumkauen, gibt man statt dessen:

Morgentrank I

¼ l Vollmilch
1 Eigelb
2 EL zarte Haferflocken
1 bis 2 EL Honig

Alles gut miteinander verquirlen. Dazu vielleicht einen Apfel und einen mit Butter bestrichenen Zwieback reichen.

Oder:

Morgentrank II

¼ bis ½ l Milch mit Früchten wie Banane, Erdbeeren, Kiwi, entsteinten Kirschen oder Pfirsichen im Mixer pürieren, 1 bis 2 EL Quark zugeben und mit Honig süßen.
Das rutscht besser als Brot und bringt alle notwendigen Nährstoffe mit.

Honig-Nougat-Aufstrich

200 g Honig
2 EL Nuß-Nougat-Creme
1 EL Zitronensaft
2 EL gehackte Walnüsse oder Mandeln

Alle Zutaten gut vermischen und zur Aufbewahrung in ein Schraubdeckelglas füllen.
Der Aufstrich schmeckt auf Brot doppelt so gut, wenn obenauf Bananen oder Apfelscheiben liegen.

Honig-Mandel-Paste

1 Tasse geschälte Mandeln
1 TL Sesamöl
½ Tasse Honig
1 Grahamtoast
geröstete Sesamkörner

Die Mandeln im Mixer mit dem Öl zerkleinern, bis sie pastenartige Konsistenz haben, mit dem Honig vermischen, auf getoastetes Grahambrot streichen und mit gerösteten Sesamkörnern bestreuen.
Die Mandelpaste schmeckt auch gut auf Waffeln oder Pfannkuchen.

Schulfrühstück für Leckermäuler

2 Scheiben Graubrot
20 g Butter
1 Banane
Zitronensaft
1 Prise Zimt
1 EL Bienenhonig

Brotscheiben mit Butter bestreichen. 1 Scheibe mit der längs in 3 Teile geschnittenen Banane belegen. Etwas Zitronensaft überträufeln und mit 1 Prise Zimt überpudern. Honig darauf verteilen und mit der 2. Brotscheibe belegen.

Honig-Butter-Mischungen

Sie sind ideal als Schulbrotaufstrich für Kinder, weil der Honig nicht tropfen oder kleben kann. Man kann sie auf Vorrat herstellen. In Folie eingewickelt, halten sich die verschiedenen Variationen im Kühlschrank wochenlang frisch.
Kommt überraschender Besuch zum Kaffee, ist man wohlgerüstet, denn Honigbutter eignet sich als Füllung für einfache Kekse oder Biskuits und schmeckt auch auf Zwieback oder Honigkuchen köstlich. Versuchen Sie Honig-Butter-Mischungen auch einmal zu gut gewürztem Grillfleisch oder als Beigabe zum Fondue.

Grundrezept:

Butter mit dem Holzlöffel so lange rühren, bis sie cremig ist. Dann flüssigen Honig in dünnem Faden vom Löffel tropfend einrühren, und zwar so viel, wie die Butter aufnehmen kann, ohne körnig zu werden.
Als Zugabe eignen sich Mandelsplitter, Kokosraspeln, gehackte Rosinen, kandierte Früchte usw. Der Phantasie sind kaum Grenzen gesetzt. Man kann auch einmal pikante Varianten mit grünem Pfeffer oder Meerrettich ausprobieren!

Ingwerbutter

250 g Butter
8 TL Honig
1 ½ TL Zitronensaft
¼ TL Ingwer

Die nicht zu kalte Butter mit Honig und Zitronensaft gut vermischen. Den feingewiegten, leicht gezuckerten Ingwer unterrühren.
Die Mischung schmeckt vorzüglich als Keksfüllung oder als Brotaufstrich.

Aprikosenbutter

4 getrocknete Aprikosen
65 g Butter
1 Prise Meersalz
1 TL Honig
Schale von 1 unbehandelten Zitrone

Aprikosen über Nacht einweichen, dann feinhacken. Butter mit Salz schaumig rühren, Honig und abgeriebene Zitronenschale zugeben und die Aprikosen untermischen.

Marmelade ohne Zucker

Nicht jeder mag jeden Tag Honig auf dem Frühstücksbrot. Ab und zu darf es auch einmal eine fruchtige Marmelade sein. Nun dient sowohl in gekauften als auch in selbstgekochten Marmeladen Zucker als Konservierungsmittel mit allen zuckereigenen Nachteilen.
Bevor es Tiefkühltruhen gab, war das Einkochen von Früchten zu Marmelade und Kompott die einzige Möglichkeit, die reichliche Gabe des Sommers an Vitaminen für die kargen Wintermonate wenigstens teilweise zu erhalten. Heutzutage wird frisches Obst zu jeder Jahreszeit angeboten. Wer einen Garten hat, sollte seine Ernte nach Möglichkeit einfrieren, denn das ist die wirkstoffschonendste Art der Konservierung.
Das spezielle Marmeladenrezept wird dann nach Bedarf in kleineren Mengen aus tiefgekühlten Früchten hergestellt – und dann mit Honig!
Honig verliert zwar bekanntlich bei Erhitzung einen Teil seiner Inhaltsstoffe, bleibt aber der Gesundheit trotzdem noch dienlicher als Zucker.

Grundrezept:

1 kg Früchte gut säubern, gegebenenfalls entsteinen und zerkleinern (oder tiefgekühltes Obst auftauen). Fruchtmasse mit 300 bis 500 g Honig mischen und über Nacht ziehen lassen.
Wieviel Honig nötig ist, richtet sich nach Säuregehalt und Reife der Früchte. Für Marmelade aus grünen Stachelbeeren braucht man mehr Honig als für reife Erdbeeren, für Sauerkirschen mehr als für weiche Aprikosen. Für Marmelade geeignet sind vor allem die Honigsorten, die keinen allzu intensiven Eigengeschmack mitbringen, zum Beispiel Klee- oder Rapshonig. Man kann aber auch mit dem Honiggeschmack experimentieren und beispielsweise für Waldfrüchte wie Heidel- oder Preiselbeeren Tannenhonig verwenden. Grundsätzlich muß es aber keine allzu teure Honigspezialität sein, die man zu Marmelade verkocht.
Am nächsten Tag die Frucht-Honig-Mischung erhitzen und unter Rühren ca.

5 Minuten sanft kochen lassen. Dabei Saft von 1 Zitrone und eventuell Gewürze wie Zimt, Ingwer, Vanille, Anis oder dergleichen zusetzen. Topf vom Herd nehmen und ca. 2 Tütchen Agar-Agar (15 g), das in etwas Wasser oder Fruchtsaft angerührt wurde, gut untermischen. Möglich ist auch die Verwendung von der für 1 kg Früchte notwendigen Menge eines flüssigen Geliermittels nach Gebrauchsanweisung.
Die heiße Marmelade in gut sterilisierte Gläser füllen, 1 EL Rum (54%) aufgießen und fest verschließen. (Bitte nicht den ersten Löffel aus dem frisch geöffneten Marmeladenglas von Kindern naschen lassen – wegen des Alkoholgehalts!)
Honig ist mit seiner bakterienhemmenden Wirkung ein bewährtes Konservierungsmittel, dennoch sind Honigmarmeladen auch bei kühler, dunkler Lagerung nicht unbegrenzt haltbar. Lieber öfter frisch kochen! Angebrochene Gläser im Kühlschrank aufbewahren.
Früchte, die sich gut zum Tiefgefrieren eignen:
Brombeeren, Erdbeeren, Heidelbeeren, Himbeeren, Johannisbeeren, Stachelbeeren;
Kirschen, Aprikosen, Pfirsiche, Pflaumen.

Spezialrezepte

Blutorangenmarmelade

1500 g unbehandelte Blutorangen
5 Stück Würfelzucker
1 Zitrone
10 g Zitronensäure
1200 g Honig
1 Flasche flüssiges Geliermittel
⅛ l Portwein
2 EL Rum (54%)

Orangen gut waschen und abtrocknen. (Man kann auch normale Orangen nehmen, erzielt aber dann nicht die schöne blutrote Farbe.) Von der Hälfte der Früchte die Schale dünn abschälen, so daß keine weiße Haut hängen bleibt. Dann in fadendünne Streifen schneiden. Von der anderen Hälfte der Früchte die Schale mit Würfelzucker gründlich abreiben. (Der Zucker ist hier unerläßlich, weil anders das aromatische Öl nicht aus den Orangenschalen zu holen ist.)
Nun alle Orangen sorgfältig abschälen und das Fruchtfleisch filieren, so daß Häute und Kerne zurückbleiben. Gewogen sollte das kleingeschnittene Fruchtfleisch 1250 g ergeben. Eventuell noch mit frisch gepreßtem Orangensaft auffüllen.
Das Fruchtmus in einen großen Topf geben, mit dem vollgesogenen Würfelzucker, dem Saft der Zitrone und der Zitronensäure auf-

kochen. Honig zugeben und 1 Minute sprudelnd kochen lassen. Vom Herd nehmen, das Geliermittel einrühren und noch einmal aufkochen lassen. Nun den Portwein langsam unterrühren.
Die Marmelade in sterilisierte Gläser füllen, Rum aufgießen und gut verschließen.

Möhrenmarmelade »Hawaii«

500 g Möhren
250 g frische Ananas
250 g Aprikosen
Saft von 1 Zitrone
250 g Honig
1 TL geriebene Ingwerwurzel
½ Tasse gehackte Mandeln
2 EL Rum (54 %)

Möhren waschen, säubern und grobraspeln. Ananas und Aprikosen kleinschneiden. Alles zusammen mit dem Zitronensaft erhitzen und unter Rühren sanft kochen lassen, bis die Früchte zerfallen. Wenn die Mischung zu trocken wird, etwas Honig zufügen, aber keine zusätzliche Flüssigkeit. Ingwer und restlichen Honig zugeben, noch 5 Minuten kochen lassen. Mandeln in die heiße Marmelade rühren, in sterilisierte Gläser füllen, Rum aufgießen und fest verschließen.

Roh gerührte Preiselbeermarmelade

1 kg Preiselbeeren
600 g Honig

Die reifen Preiselbeeren verlesen, waschen und auf einem Tuch ausbreiten, damit sie gut trocknen. Die Beeren mit dem Handrührgerät zerkleinern, dabei den Honig nach und nach zugeben. So lange rühren, bis die Beeren den Honig gut aufgenommen haben. Die Marmelade in Gläser füllen und über Nacht stehen lassen, damit die eingerührte Luft entweichen kann.
Preiselbeermarmelade hält sich recht lange, weil Inhaltsstoffe der Preiselbeere der Schimmelbildung entgegenwirken. Preiselbeermarmelade schmeckt auch gut zu Kartoffelpuffern und Wildgerichten.

Hagebuttencreme

200 g getrocknete Hagebutten
200 g milder Honig

Wer sich der mühsamen Arbeit des Hagebuttensammelns, -säuberns und -trocknens entziehen will, kann getrocknete Hagebutten im Reformhaus kaufen. Sie werden im Steingut- oder Holzmörser möglichst fein zerrieben und dann mit dem Honig erhitzt. Nur ca. 3 Minuten unter Rühren sanft kochen lassen, dann die Mischung durch ein feines Haarsieb passieren. Nochmals erhitzen und in ein sterilisiertes Gefäß füllen. Gut verschlossen 1 Woche im Dunkeln warm reifen lassen.

Orangenhonig

Schale von 4 unbehandelten Orangen
80 g flüssiger Honig
500 g Orangenblütenhonig
4 EL Whisky

Die Orangen dünn abschälen, ohne daß weißer Pelz daran hängenbleibt, dann in millimeterfeine Streifen schneiden. Diese in 80 g Honig zum Kochen bringen und 7 Minuten bei milder Hitze ziehen lassen. Den Orangenblütenhonig erwärmen (nicht über 40 Grad!), Honig-Schalen-Mischung etwas abgekühlt unterrühren, zuletzt den Whisky einrühren. Orangenhonig in ein fest schließendes Gefäß füllen und ca. 1 Woche reifen lassen.
Dieser Aufstrich schmeckt köstlich auf Biskuits zum Tee.

Marmeladen aus getrockneten Früchten

(Möglichst ungeschwefeltes Obst verwenden.)

Pflaumenmus zur guten Verdauung

3 getrocknete Kurpflaumen
1 TL Honig

Pflaumen über Nacht in etwas Wasser einweichen. Am Morgen die Pflaumen mit dem Einweichwasser im Mixer pürieren, dabei den Honig zugeben.
Das Mus auf Knäcke- oder Schwarzbrot streichen oder als Zugabe zu Porridge oder Brei verwenden.

Fruchtmus

100 g getrocknete Apfelringe
3 getrocknete Birnen
2 getrocknete Pfirsiche oder Aprikosen
2 Kurpflaumen
⅛ l Apfelsaft
4 bis 6 EL Honig

Kleingeschnittene Trockenfrüchte über Nacht in Apfelsaft quellen lassen. Am nächsten Morgen im Mixer pürieren, mit Honig nach Bedarf abschmecken.

Feigen-Rosinen-Mus

3 getrocknete Feigen
50 g Rosinen
4 EL Rotwein
1 Prise Ingwerpulver
3 EL Honig

Feigen kleinschneiden, mit den gewaschenen Rosinen in Rotwein über Nacht quellen lassen. Alles im Mixer pürieren, mit Ingwer würzen und mit Honig verrühren.

Aprikosenjam

100 g getrocknete Aprikosen
1 unbehandelte Zitrone
½ Vanilleschote
3 EL Honig

Aprikosen kleinschneiden und über Nacht mit Zitronensaft und etwas Wasser quellen lassen. Am nächsten Tag Aprikosen mit der Einweichflüssigkeit, etwas abgeriebener Zitronenschale und dem Mark der halben Vanilleschote im Mixer pürieren, Honig unter die Masse rühren.
Aprikosenjam schmeckt auf Brot, in Müsli oder Brei und ist im Kühlschrank einige Tage haltbar.

Salate

Salate und Rohkost

Etwas Frisches sollte vor und bei keiner Mahlzeit fehlen. Salate und Rohkost sind reich an Vitaminen sowie Mineralien, und sie sättigen auch, obwohl sie wenig Kalorien mitbringen. Wer ein paar Pfund abnehmen möchte, sich aber nicht zu einer Diät durchringen kann, mag folgenden Trick anwenden:
20 Minuten vor jeder Hauptmahlzeit eine reichliche Portion Rohkost oder Salat (ohne Fleisch- oder Eizugabe) essen, dabei langsam und gründlich kauen. Dann ist der Heißhunger weg, man ißt weniger, ohne sich zu kasteien, und hat außerdem noch viel für eine geregelte Verdauung getan.
Die Palette der verschiedenen Salat- und Rohkostmischungen ist so vielfältig, daß hier nur ein kleiner Ausschnitt wiedergegeben werden kann. Die Honigzugabe sorgt nicht nur für den gewissen Pfiff in der Salatsauce, sondern reichert noch mit zusätzlichen Wirkstoffen an.
Wichtig für die meisten Salate ist gutes Öl. Bitte ausschließlich kaltgepreßte naturreine Öle verwenden. Olivenöl hat einen typischen Geschmack, den manche Leute nicht mögen. Aber da stehen Sonnenblumenkern-, Sesam-, Nuß-, Traubenkern- oder Distelöl zur Auswahl – um nur einige zu nennen. Ausprobieren!

Grundsaucen für vielerlei Salate

Kräutermarinade

2 EL Weinessig oder Zitronensaft
1 TL Honig
½ TL Salz
1 Msp. Senfpulver
etwas schwarzer Pfeffer
1 geriebene Zwiebel
reichlich Kräuter nach Geschmack
3 EL Öl

Alle Zutaten bis auf das Öl gut vermischen und durchziehen lassen, damit sich die Aromastoffe gut miteinander verbinden. Das Öl kurz vor dem Anrichten unterrühren.
Man kann Kräutermarinade für alle Blattsalate, Salate aus gegartem Gemüse und für Bohnen-Paprika-Fleischsalat verwenden.

Frenchdressing

1½ TL Paprikapulver
2 TL Honig
½ TL Salz
2 EL Tomatenmark
2 EL Weinessig
2 EL Crème fraîche
4 EL Oliven- oder Sesamöl

Alle Zutaten bis auf das Öl gut vermischen. Das Öl mit dem Schneebesen unterschlagen. Das Dressing verwendet man für gemischte Salate, Eiersalat und Geflügelsalat.

Saure-Sahne-Sauce

3 EL Sonnenblumenöl
2 bis 3 EL Zitronensaft
3 EL saure Sahne
1 TL Honig
Pfeffer
Salz

Öl und Zitronensaft gut mischen, dann Sahne und Honig unterrühren, mit Pfeffer und Salz abschmecken.
Man verwendet die Sauce für Blattsalate und Gurkensalat.

Erdnuß-Mandel-Sauce

1 EL Erdnußmus
1 EL Mandelmus
1 bis 2 EL Zitronensaft
1 TL Honig
½ Becher Joghurt oder saure Sahne
1 Prise Meersalz

Alle Zutaten gut vermischen und mit 1 Prise Salz abschmecken.
Die Sauce verwendet man speziell für Rohkost von Möhren, Sellerie, Fenchel und Kohlrabi.

Honigsauce »Bombay«

1 EL Honig
1 Eigelb
6 TL Zitronensaft
¾ Tasse Olivenöl
½ TL Nußmark
1 Msp. Chilisauce
1 Prise schwarzer Pfeffer
1 Prise Salz
1 EL Quark
1 Handvoll Rosinen

Honig, Eigelb, Zitronensaft, Olivenöl und Nußmark gut vermischen. Mit Chilisauce, schwarzem Pfeffer und Salz würzen. Quark und in Wasser aufgequollene Rosinen unterrühren.
Man verwendet die Sauce für Salate oder als Dip, zum Beispiel mit Chicorée.

Frühlingssauce

½ Tasse Joghurt
1 TL Honig
½ TL Zitronensaft
1 Eigelb
1 EL Öl
1 Prise Meersalz
1 Prise Pfeffer
reichlich gehackte grüne Kräuter

Joghurt, Honig, Zitronensaft, Eigelb, Öl, Salz und Pfeffer gut miteinander mischen und reichlich gehackte grüne Kräuter beifügen.

Provenzalische Honigsauce

3 EL Olivenöl
2 EL Weinessig
3 EL Bienenhonig
1 Prise Salz
1 Prise frisch gemahlener Schwarzer Pfeffer
1 Msp. Senf

Alle Zutaten gut zusammen vermischen und als Dip mit rohem Gemüse (Möhrchen, Stangensellerie, Blumenkohlröschen, Gurkenscheiben etc.) reichen.

Salate

Apfelsalat

300 g säuerliche Äpfel
1 unbehandelte Orange
4 TL Honig
1 Schuß Weinbrand
Kandierte Kirschen
Weinbeeren
Walnüsse

Die Äpfel schälen, das Kerngehäuse ausstechen und die Äpfel in dünne Scheiben schneiden. Orangenschale abreiben, die Orange auspressen. Orangensaft und -schale mit Honig und Weinbrand mischen und über die Apfelscheiben geben. Mit kandierten Kirschen, Weinbeeren und geraspelten Walnüssen garnieren.

Apfelsalat mit Meerrettich

6 EL Zitronensaft
2 EL Öl
1 EL frisch geriebener Meerrettich
1 Prise Salz
2 bis 3 EL Honig
6 Äpfel (Boskop)

Zitronensaft und Öl gut verquirlen. Meerrettich, Salz sowie Honig zugeben und abschmecken. Äpfel vierteln, Kerngehäuse entfernen, mit der Schale auf dem Gurkenhobel in feine Scheibchen teilen. Sofort in der Meerrettichmarinade schwenken, damit sie sich nicht verfärben.

Chicoréesalat mit Früchten

3 Chicoréestauden
2 Orangen
4 Feigen (frisch oder getrocknet)
1 Banane
50 g Speisequark (20 % Fett)
Saft von ½ Zitrone
1 Msp. Meerrettich
3 EL Öl
1 EL Honig
1 Prise Meersalz
evtl. Mandelsplitter

Chicorée putzen, das bittere Ende keilförmig ausschneiden und die Stauden in feine Scheiben schneiden. Die geschälten Orangen ebenfalls in Scheiben schneiden und noch mal vierteln. Feigen und Banane ebenfalls in Scheiben teilen. Quark mit Zitronensaft, Meerrettich, Öl und Honig zu einer Marinade rühren und mit dem Salz abschmecken. Salat darin anrichten, kurz ziehen lassen und nach Geschmack mit gerösteten Mandelsplittern bestreuen.

Csalla-máry-Salat, ungarisch

500 g roher Weißkohl
9 EL Olivenöl
1 grüne Paprikaschote
1 rote Paprikaschote
2 Tomaten
1 Salatgurke
1 Essiggurke
1 Zwiebel
2 EL Zitronensaft
2 EL Essig
2 EL Honig
1 Prise Meersalz

Den Weißkohl in feine Streifen schneiden, mit 6 EL Olivenöl mischen, fest in eine Schüssel drücken, abdecken und mit einem Gewicht beschweren. Mindestens 1 Stunde ruhen lassen, dann ist der Kohl weich. Paprika, Tomaten, Gurken und Zwiebel waschen und alles feinwürfeln. Mit dem Weißkohl vermischen. Aus Zitronensaft, Essig, Honig, dem restlichen Olivenöl sowie etwas Salz eine Sauce bereiten und unter den Salat heben.

Endiviensalat auf Hausfrauenart

1 Kopf Endiviensalat
2 EL Öl
1 EL Weinessig
1 EL Zitronensaft
1 TL Honig
1 Zwiebel
1 Prise Salz
1 Becher saure Sahne

Den Endiviensalat waschen und in feine Streifen schneiden. Öl, Weinessig, Zitronensaft und Honig gut vermischen. Die Zwiebel feinwürfeln und mit 1 Prise Salz unter die Sauce heben. Sauce über den Salat geben und gut untermischen. Vor dem Anrichten die flüssig gequirlte saure Sahne übergießen.

Honigfrischkost, exotisch

4 Bananen
1 Papayafrucht
2 große Tomaten
Saft von 1 Zitrone
2 EL Honig
½ Bund Brunnenkresse

Früchte in Scheibchen schneiden und das Tomatenfleisch würfeln. Zitronensaft und Honig überträufeln und mit gehackter Brunnenkresse verzieren. (Wahlweise kann man Gartenkresse – in kleinen Beeten fertig zu kaufen – verwenden).

Bunter Gurkensalat mit Senfsauce

1 Schlangengurke
1 kleines Bund Radieschen
1 Apfel
1 TL Senf
2 bis 3 EL Essig oder Zitronensaft
2 EL Keimöl
½ Becher saure Sahne
2 TL Honig
Meersalz
4 EL gehackte Kräuter (zum Beispiel Borretsch, Dill, Zitronenmelisse und/oder Schnittlauch)

Gurke waschen und möglichst mit der nicht allzu harten Schale auf dem Gurkenhobel in feine Scheiben teilen. Radieschen und den geviertelten, vom Kernhaus befreiten Apfel evtl. ebenfalls auf dem Gurkenhobel zerkleinern. Für die Sauce Senf, Essig oder Zitronensaft, Öl, saure Sahne und Honig gut verrühren und mit Salz abschmecken. Die gehackten Kräuter untermischen und alles unter den Salat ziehen. Bald servieren, sonst zieht der Salat zuviel Saft.

Hirnsalat

250 g Kalbshirn
¼ l Wasser
2 EL Essig
½ Lorbeerblatt
6 grüne Pfefferkörner
1 TL Butter
3 Tomaten
1 Bund Radieschen
1 Kopfsalat
3 EL Olivenöl
Saft von ½ Zitrone
1 TL Honig
Meersalz
Pfeffer

Das Hirn waschen, Haut und Äderchen entfernen und etwa 30 Minuten wässern. ¼ l Wasser mit Essig, Lorbeerblatt und Pfefferkörnern zum Kochen bringen, Hirn hineinlegen und ca. 15 Minuten ziehen lassen. Herausnehmen und etwas abkühlen lassen, dann in Scheibchen schneiden und diese in etwas Butter goldbraun braten. In der Zwischenzeit Tomaten und Radieschen in Scheiben schneiden. Eine Schüssel mit Salatblättern auslegen. Aus Olivenöl, Zitronensaft und Honig eine Marinade rühren und mit Pfeffer und Salz abschmecken. Die noch warmen Hirnscheiben mit Tomaten und Radieschen mischen, auf den Salatblättern anrichten und mit der Marinade beträufeln. Sofort servieren.

Kohlrabirohkost

2 Orangen
2 EL Öl
3 EL Crème fraîche
1 EL Honig
Pfeffer
Salz
2 bis 3 Kohlrabi
2 bis 3 säuerliche Äpfel
3 EL gehackte Haselnüsse

Aus dem Saft von 1 Orange, Öl, Crème fraîche und Honig eine Marinade rühren und mit Pfeffer sowie Salz abschmecken. Kohlrabi und Äpfel schälen, grobraspeln und mit der Sauce vermengen. Die 2. Orange schälen, in Scheiben schneiden und diese nochmals vierteln, unter die Rohkost mischen und mit Haselnüssen bestreut servieren.

Meerrettichsalat

100 g Meerrettich
1½ TL Honig
4 hartgekochte Eier
1 EL Petersilie
1 EL Dill
2 EL Schnittlauch
½ TL Sellerie- oder Kräutersalz
250 ml Joghurt

Meerrettich feinreiben und mit dem Honig vermischen, 1 Stunde ziehen lassen. Inzwischen die hartgekochten Eier grobhacken und in eine flache Schüssel geben, die feingehackten Kräuter und Salz darübergeben. Joghurt gut verquirlen, das Meerrettich-Honig-Gemisch unterrühren und über die Eier gießen. Sofort servieren.
Beliebt sind Reduktionskuren mit harten Eiern. Dieser Salat ist wohlschmeckend und sättigend, die frischen Kräuter decken den Vitaminbedarf des Körpers, was bei allen Abmagerungskuren besonders notwendig ist.

Möhren-Apfel-Salat

500 g Möhren
1 großer Apfel
Saft von 2 Zitronen
½ Becher saure Sahne oder Crème fraîche
2 EL Honig
½ TL Meersalz
1 Prise Pfeffer
1 Prise Zimt
2 EL gehackte Walnüsse
10 Walnußhälften

Möhren und Apfel grobraspeln, sofort mit dem Saft von 1 Zitrone vermischen, damit sich nichts verfärbt. Saure Sahne oder Crème fraîche und den restlichen Zitronensaft mit Honig verrühren und mit Salz, Pfeffer sowie Zimt abschmecken. Die Marinade unter den Salat heben. Gehackte Walnüsse ebenfalls untermischen. Gut durchziehen lassen, dann noch einmal abschmecken. Mit Walnußhälften garniert servieren.

Mohrrüben-Weizen-Rohkost

4 EL Sprießkornweizen
500 g Mohrrüben
4 Blutorangen
2 unbehandelte Zitronen
1 EL Olivenöl
2 EL Honig
1 Prise Salz
1 Prise Muskatnuß
1 EL Weizenkleie
2 EL Weizenkeime

Sprießkornweizen gibt es im Reformhaus. Er wird über Nacht eingeweicht und dann in 2 bis 3 Tagen zum Auskeimen gebracht. Die genaue Anweisung findet man auf der Packung.
Die gekeimten Weizenkörner mit den geraspelten Möhren mischen. Blutorangensaft übergießen. Aus Zitronensaft, etwas abgeriebener Zitronenschale, Öl und Honig eine Marinade bereiten, mit Salz sowie Muskat abschmecken und Weizenkleie einrühren. Die Marinade locker unter die Rohkostmischung heben. Die Weizenkeime in einer trockenen Pfanne rösten, bis sie goldbraun sind, dann überstreuen. Sofort servieren.
Diese Rohkost ist sehr vitaminreich und fördert die Verdauung. Sie sollte gut gekaut werden!

Orangensalat »Tuilerien«

1 kleiner fester Kopfsalat
1 säuerlicher Apfel
1 Orange
1 EL Weinessig
1 EL Zitronensaft
3 EL Olivenöl
1 TL Honig
1 Prise Meersalz
1 Prise weißer Pfeffer

Den Kopfsalat zerteilen, waschen und die Blätter in Streifen schneiden. Apfel schälen, Kerngehäuse entfernen und in Scheiben schneiden. Orange schälen und das Fruchtfleisch in Würfel schneiden. Weinessig, Zitronensaft, Olivenöl und Honig vermischen, mit etwas Meersalz sowie weißem Pfeffer würzen und über den Salat geben.

Pfirsich-Geflügel-Salat

2 reife Pfirsiche
150 g gekochtes Geflügelfleisch
1 säuerlicher Apfel
3 große frische Champignons
1 Banane
1 EL Kapern
Saft von ½ Zitrone
½ Becher Joghurt
2 EL Öl
1 bis 2 TL Honig
Pfeffer
Meersalz

Die Pfirsiche kurz überbrühen, die Haut abziehen und Fruchtfleisch in Spalten teilen. Geflügelfleisch in Streifen schneiden, den geschälten Apfel stifteln, Champignons blättrig schneiden und Banane in Scheiben teilen. Alles mit den Kapern mischen. Aus Zitronensaft, Joghurt, Öl und Honig eine Marinade rühren, dann mit Pfeffer und Salz pikant abschmecken. Marinade über den Salat geben und vorsichtig unterheben. Im Kühlschrank ziehen lassen. Kurz vor dem Servieren noch einmal vorsichtig mischen.
Dieser Salat sieht besonders hübsch aus, wenn er auf roten Radicchioblättern angerichtet wird.

Rettichrohkost mit Käsecreme

100 g bayerischer Blauschimmelkäse
1 EL süße Sahne
1 EL Öl
1 EL Apfelessig
1 TL Senf
1 TL Honig
evtl. 1 Prise Pfeffer
2 kleine weiße Rettiche

Den Käse mit einer Gabel zerdrücken, mit Sahne, Öl, Essig, Senf und Honig zu einer Creme rühren. Evtl. etwas Pfeffer zugeben. Die gewaschenen Rettiche in die Sauce raspeln, mischen und gut durchziehen lassen.

Rindfleisch-Kirsch-Salat

200 g gekochtes mageres Rindfleisch
100 g gekochte Artischockenböden
200 g entkernte Sauerkirschen
2 EL Öl
1 EL Zitronensaft
1 EL Honig
Thymian
1 Prise Meersalz

Rindfleisch und Artischockenböden in feine Streifen schneiden und vermischen, dann die Sauerkirschen zugeben. Aus Öl, Zitronensaft, Honig, etwas Thymian und Meersalz eine Marinade rühren und überträufeln. Gut durchziehen lassen.

Rote-Bete-Salat

4 kleine oder 2 große rote Beten
2 große säuerliche Äpfel (Boskop)
1 große Zwiebel
Saft von 1 Zitrone
1 EL Honig
2 EL Olivenöl
1 Prise weißer Pfeffer aus der Mühle
evtl. 1 Zitrone

Rote Bete unter fließend kaltem Wasser abbürsten und schälen, dann auf einer Rohkostreibe grobraspeln. Die Äpfel schälen, vierteln und das Kerngehäuse ausschneiden. Die Apfelviertel in feine Scheiben schneiden. Zwiebel schälen und feinhacken. Alles vermischen. Aus Zitronensaft, Honig und Olivenöl eine Sauce rühren und den Salat darin anmachen. Einen Hauch weißen Pfeffer überstreuen. Den Salat evtl. mit Zitronenscheiben garniert servieren.

Rotkohlrohkost

400 g Rotkohl
4 EL Öl
2 EL Apfelessig
1 EL Honig
1 Prise Salz
1 Prise gemahlene Nelken
1 Prise Zimt
½ unbehandelte Zitrone
1 Zwiebel
1 Apfel

Den Rotkohl feinhobeln, mit 2 EL Öl vermischen, in eine Schüssel pressen und beschweren. Aus restlichem Öl, Essig, Honig und Gewürzen eine Marinade rühren, Saft und abgeriebene Schale der Zitrone zufügen. Die geschälte Zwiebel und den Apfel in die Marinade reiben, alles mit dem Rotkohl vermischen und durchziehen lassen.

Sauerkrautsalat »Kathrin«

2 säuerliche Äpfel
250 g blaue Weintrauben
¼ l süße Sahne
1 EL Honig
1 EL Senf
1 Prise Meersalz
3 EL gehackte Nüsse
400 g frisches Sauerkraut

Die Äpfel mit der Schale grobraspeln oder in feine Streifen schneiden. 200 g Weintrauben halbieren und die Kerne entfernen. Aus Sahne, Honig, Senf und Salz eine Sauce rühren. Alles mit 2 EL Nüssen zum Sauerkraut mischen. Die restlichen Nüsse in der Pfanne leicht anrösten und über den Salat streuen. Mit übriggelassenen Weintrauben garnieren.

Weinlesers Sauerkraut

500 g frisches Sauerkraut
100 g ausgelassener Speck
50 g Rosinen
1 säuerlicher Apfel

Sauerkraut mit dem ausgelassenen Speck vermischen und die Rosinen unterheben. Den Apfel feinraspeln und sofort mit einer Mischung aus Honig, Oliven- oder Distelöl und dem Saft von 1 Zitrone vermischen. Ap-

2 TL Honig
2 EL Oliven- oder Distelöl
Saft von 1 Zitrone
Weintrauben

felmarinade unter das Sauerkraut heben, evtl. mit einigen frischen Weintrauben verziert servieren.

Sellerie-Bananen-Rohkost

1 junge Sellerieknolle
3 EL Zitronensaft
1 Banane
2 EL süße Sahne
1 EL Honig
2 EL gehackte Walnüsse

Die Sellerieknolle schälen, raspeln und mit Zitronensaft beträufeln. Die Banane in feine Scheiben schneiden und mit Sellerie vermischen. Sahne mit Honig verquirlen, unter die Mischung heben und mit gehackten Walnüssen bestreuen.

Sellerierohkost

1 säuerlicher Apfel
1 mittelgroße Sellerieknolle
1 große Zwiebel
⅛ l saure Sahne
1 EL Keim- oder Olivenöl
2 EL Zitronensaft
1 TL gehackte Petersilie
1 TL Schnittlauchröllchen
1 EL Honig
Sellerie- oder Kräutersalz
Salatherzblätter oder Cracker

Den gewaschenen Apfel mit der Schale, die geputzte Sellerieknolle und die geschälte Zwiebel sehr fein raspeln. Aus saurer Sahne, Öl, Zitronensaft, den Kräutern und Honig eine Marinade rühren, mit Salz abschmecken und über das Selleriegemisch geben. Locker unterheben. In Portionen auf Salatherzblättern anrichten oder auf Cracker gehäuft als Vorspeise reichen.

Staudenselleriesalat in Melone

200 g Staudensellerie
Essig
1 Honigmelone
1 Avocado
1 Orange
300 g gepökelte gekochte Rinderzunge
½ Becher Joghurt
3 EL Sahne
1 EL Öl
2 EL Zitronensaft
1 TL geriebener Meerrettich
1 bis 2 TL Honig
¼ TL gemahlener grüner Pfeffer
1 Prise Meersalz

Staudensellerie in Scheiben schneiden und kurz in heißem Essigwasser blanchieren. Von der Melone einen Deckel abschneiden, das Fruchtfleisch herauslösen, Kerne entfernen und das Fruchtfleisch in Würfel schneiden. Avocado halbieren, den Kern entfernen, das Fruchtfleisch aus den Schalen lösen und in Scheibchen schneiden. Orange schälen, würfeln und die dünnen Häutchen dabei entfernen. Rinderzunge in feine Streifen schneiden. Alle Zutaten mit den abgetropften Selleriescheibchen vermischen und den Salat in die ausgehöhlte Melone füllen.
Aus Joghurt, Sahne, Öl, Zitronensaft, Meerrettich und Honig eine Marinade rühren, mit

Pfeffer und Salz abschmecken und über den Salat gießen. Im Kühlschrank ziehen lassen, evtl. vor dem Servieren noch einmal vorsichtig mischen. Die Melone nach Möglichkeit auf einem Sockel aus gestoßenem Eis servieren, damit sie schön kalt bleibt.

Feiner Weißkohlsalat

250 g Weißkohl
4 EL kaltgepreßtes Olivenöl
1 säuerlicher Apfel
2 EL Zitronensaft
etwas Kümmel
4 Wacholderbeeren
½ TL geriebene Zwiebel
1 Prise Pfeffer
1 Prise Meersalz
50 g Rosinen
50 g gehackte Walnüsse
2 EL Honig

Weißkohl ganz fein schneiden, mit Olivenöl mischen, fest in eine Schüssel drücken, abdecken und mit einem Gewicht beschwert mehrere Stunden ziehen lassen. Den Apfel schälen, Kerngehäuse ausstechen, feinreiben und unter die Kohlmasse geben. Zitronensaft mit Kümmel, den zerdrückten Wacholderbeeren, Zwiebel und etwas Pfeffer und Salz vermischen und unter den Kohl heben. Abdecken und wieder mit dem Gewicht beschweren. Vor dem Servieren Rosinen, Walnüsse und Honig untermischen.

Wildsalat mit Früchten

200 g gebratenes Wildfleisch
1 Birne
100 g Weintrauben
2 Pfeffergürkchen
3 EL entsteinte Sauerkirschen (Kompott)
1 EL Kapern
3 EL saure Sahne oder Crème fraîche
1 EL Tomatensaft
1 EL Öl
1 TL Senf
1 bis 2 TL Honig
1 EL Zitronensaft
Salz
Kresse
evtl. 3 EL gehackte Haselnüsse

Wildfleisch in feine Streifen schneiden, ebenso die geschälte Birne. Die Weintrauben halbieren und Kerne entfernen, dann die Pfeffergurken in Scheiben schneiden. Alles mit Kirschen und Kapern mischen. Aus Sahne, Tomatensaft, Öl, Senf, Honig und Zitronensaft eine Marinade rühren, mit Salz abschmecken und den Salat darin anmachen. Wildsalat mit Kresse garniert servieren, nach Geschmack geröstete Haselnüsse darüberstreuen.

Suppen

Suppen

Ursprünglich war die Suppe die Hauptmahlzeit schlechthin. Die ganze Familie versammelte sich um den dampfenden Topf, in dem Gemüse, Getreideprodukte und Fleisch zusammen gekocht waren (Eintopf). Das Stammwort »supen« heißt im niederdeutschen soviel wie »mit dem Löffel essen«.
In der feineren Küche wurde die Suppe zum klassischen Vorgericht im Menüplan. In Tassen serviert, gehört sie noch heute zu jeder festlichen Speisenfolge.
Viele Suppen lassen sich recht schnell frisch zubereiten und als Ergänzung oder Ersatz für das übliche kalte Abendbrot mit Brot und Aufschnitt reichen. Die gehaltvollen Suppentöpfe werden von kleinen und großen Kindern gern gelöffelt, weil sie so schön rutschen. Eine leichte warme Suppe ist eine hervorragende Appetitbremse für Leute, die mit zu vielen Pfunden zu kämpfen haben.

Apfelsuppe mit Sherry, pikant

5 Äpfel (Boskop)
Salz
3 EL Butter
1½ EL ungebleichtes Weizenmehl
2 EL Zwiebelwürfel
2 Tomaten
1 l Gemüsebrühe
Pfeffer
2 EL gehackte Petersilie
2 EL Honig
100 bis 200 ml Sherry

Äpfel schälen, vierteln, Kerngehäuse entfernen und die Apfelviertel in dünne Scheiben schneiden. Sofort in Salzwasser legen, damit sie sich nicht verfärben. Im Suppentopf die Butter zerlassen, Mehl darin leicht anbräunen, Zwiebelwürfel und die abgezogenen, kleingeschnittenen Tomaten zugeben und kurz schmoren lassen. Mit Brühe ablöschen, aufkochen und die abgegossenen Apfelscheiben einlegen. Sie sollen weich werden, aber nicht gänzlich zerkochen. Die Suppe pfeffern, gehackte Petersilie einstreuen und ganz zum Schluß mit Honig und Sherry abrunden. Die Suppe ist heiß und auch kalt ein Genuß.

Dänische Biersuppe

4 Scheiben Schwarzbrot
1 Zimtstange
Schale von 1 Zitrone
2 Flaschen Dunkelbier (original dänisches Hvit-Øl)
4 EL Weinbeeren oder ungeschwefelte Rosinen
40 g Honig
1 Prise Meersalz
⅛ l Schlagsahne

Schwarzbrot mit Wasser bedeckt über Nacht einweichen. Am nächsten Tag mit Einweichwasser, Zimt und Zitronenschale aufkochen und 15 Minuten auf kleiner Flamme ziehen lassen. Die Masse durch ein Sieb passieren. Bier und Rosinen zugeben und nochmals aufkochen. Honig einrühren und mit Salz abrunden. Die Sahne leicht schlagen, so daß sie noch flüssig ist. Die Suppe in tiefen Tellern anrichten und die Sahne darauf verteilen. Besonders hübsch sieht es aus, wenn man die Sahne spiralförmig einfließen läßt. Die Suppe ist sehr gehaltvoll. Als Vor- oder Nachspeise zu einer leichten Mahlzeit reichen.

Buttermilchsuppe

2 Eigelb
3 EL Weizenmehl
⅛ l süße Sahne
1 l Buttermilch
1 EL Honig
4 EL Vanillemark
Salz
1 Tasse geröstete Semmelwürfel

Die Eigelb mit Weizenmehl und Sahne verquirlen. Buttermilch erhitzen, die Sahnesauce zugeben und unter ständigem Rühren zum Kochen bringen. Mit Honig, Vanillemark und Salz würzen. Vor dem Servieren geröstete Semmelwürfel überstreuen.

Fischsuppe »Nordsee«

1 kg Fischfilet
Saft von 1 Zitrone
2 EL Butter
2 Zwiebeln
1 Porreestange
2 große Tomaten
1½ l Brühe (möglichst Fischbrühe)
1 kleines Glas Miesmuschelfleisch
Kräutersalz
Pfeffer
1 EL Honig
250 g Nordseekrabbenfleisch

Die Fischfiletstücke sollten möglichst von verschiedenen Fischen stammen, zum Beispiel Schellfisch, Rotbarsch, Kabeljau und Seelachs. Sie werden in mundgerechte Würfel geschnitten und mit Zitronensaft gesäuert. Im Suppentopf die Butter zerlassen, die in Ringe geschnittenen Zwiebeln und Scheiben vom weißen und gelben Teil des Porrees darin goldgelb andünsten. Abgezogene Tomaten zugeben und alles eine Weile schmoren lassen. Mit der heißen Brühe auffüllen und aufkochen. (Fischbrühe muß man selbst zubereiten aus Köpfen und Gräten, die der Fischhändler gern gratis mitgibt. Mit Lorbeer, Piment und Pfeffer, etwas getrockne-

tem Suppengemüse, frischen Kräutern und Weißwein ergeben sie einen schmackhaften Sud. Wahlweise Instant-Fleisch- oder -Gemüsebrühe verwenden).
Bevor die Fischstücke zur Suppe kommen, wird die Hitze vermindert, denn der Fisch soll nur gar ziehen. Muschelfleisch zufügen und die Suppe mit Kräutersalz, Pfeffer und Honig abschmecken. Zuletzt das Krabbenfleisch miterhitzen.

Fliederbeersuppe mit Schwänchen

400 g schwarze Fliederbeerdolden
1 Zitrone
40 g Maiskernpulver
70 g Honig
2 Eiweiß
1 Prise Salz

Fliederbeerdolden waschen, mit der Gabel abstreifen und die Beeren in 1 l Wasser mit einer Zitronenschale zum Kochen bringen. Mit dem in 2 EL Wasser angerührten Maiskernpulver binden. Fliederbeersuppe mit 1 bis 2 EL Zitronensaft und Honig abschmekken. Für Erwachsene darf 1 Schuß Rum zugefügt werden. Eiweiß mit Salz zu sehr festem Schnee schlagen. Löffelweise auf die in tiefen Tellern angerichtete Suppe geben, dabei versuchen, kleine »Schwanenhälse« auszuziehen. Das sieht hübsch aus und ist bei Kindern als gesunder Nachtisch sehr beliebt.

Frische Gurkensuppe

30 g Butter
2 Zwiebeln
1 große Salatgurke
Kräutersalz
Pfeffer
1 Bund Dill
5 EL Apfelessig
½ l Gemüsebrühe
2 EL Maisstärke
1 Becher saure Sahne
4 EL Weißwein
1 EL Honig

Butter zerlassen und die sehr fein gewürfelten Zwiebeln darin hellgelb andünsten. Die geschälte, in Würfel geschnittene Gurke etwa 5 Minuten mitdünsten. Salzen und pfeffern. Feingeschnittenen Dill zusammen mit Apfelessig und Brühe zugeben, dann kurz aufkochen lassen. Die Maisstärke mit der Hälfte der sauren Sahne anrühren und die Suppe damit binden. Mit Weißwein und Honig fein süß-sauer abschmecken. Suppe in tiefen Tellern servieren, je einen Klecks saure Sahne in die Mitte geben.

Hamburger saure Suppe

(6 Personen)
1 Schinkenknochen
1 Bund Suppengrün
600 g Backobst
500 g säuerliche Äpfel
125 g Hörnchennudeln
1 bis 2 EL Honig
Kräutersalz
Essig

Schinkenknochen in 3 l Wasser aufsetzen, zum Kochen bringen und abschäumen. Kleingeschnittenes Suppengrün, Backobst und die geschälten, gewürfelten Äpfel zufügen. Ungefähr 1 Stunde bei mittlerer Hitze kochen lassen. Hörnchennudeln zugeben und 15 Minuten mitkochen lassen. Derweil den Schinkenknochen herausnehmen, das Fleisch ablösen und kleingeschnitten wieder in die Suppe geben. Mit Honig, Kräutersalz und Essig abschmecken.

Westindische Hühnersuppe

1 kleines Suppenhuhn
Salz
1 Bund Suppengrün
1 bis 2 TL Curry
1 Banane
80 g gesalzene Erdnüsse
1 bis 2 EL Zitronensaft
Pfeffer nach Geschmack
1 EL Honig
evtl. 1 Prise Meersalz

Das küchenfertig vorbereitete Huhn in 1½ l Wasser mit etwas Salz aufsetzen und gar kochen. Ca. 15 Minuten vor Ende der Garzeit das sehr fein geschnittene Suppengrün zugeben und mitkochen. In einem zweiten Suppentopf den Curry mit etwas von der Hühnerbrühe auflösen, 1 mit der Gabel zerdrückte Banane zugeben, kurz mitschmoren lassen, dann mit der restlichen Brühe samt Suppengrün ablöschen. Das kleingeschnittene Hühnerfleisch und die im Mixer zerkleinerten Erdnüsse in die Suppe rühren. Kurz kochen. Mit Zitronensaft, Pfeffer, Honig und evtl. etwas Salz abschmecken.

Kartoffelsuppe, süß-sauer

1 kg Kartoffeln
2 Äpfel (Boskop)
1 Lorbeerblatt
4 Pimentkörner
4 weiße Pfefferkörner
3 große Zwiebeln
1½ l Fleischbrühe
etwa 25 g durchwachsener Speck
1 bis 2 EL Honig
1 bis 2 EL Apfelessig
1 Bund Petersilie

Die geschälten, in Stücke geschnittenen Kartoffeln und Äpfel mit Lorbeerblatt, Gewürzkörnern und 2 kleingeschnittenen Zwiebeln in der nicht allzu salzigen Brühe weich kochen. In der Zwischenzeit den gewürfelten Speck auslassen, die übrige kleingeschnittene Zwiebel darin anrösten, beides zur Suppe geben und gut durchrühren. Noch einmal aufkochen, mit Honig sowie Essig abschmecken und mit gehackter Petersilie bestreut servieren.

Maissuppe, süß-sauer

1 l Hühnerbrühe
2 Dosen Maiskörner (2 Tassen frisch gekochte Maiskörner)
1 TL Butter
1 Schalotte
1 EL ungebleichtes Weizenmehl
1 EL Honig
2 EL Apfelessig
1 EL Sojasauce

Die Hühnerbrühe aufkochen, Maiskörner zufügen und 3 Minuten ziehen lassen. Butter schmelzen, die feingehackte Schalotte darin andünsten, Mehl einrühren und kurz mitschmoren lassen, aber nicht rösten. Mit etwas Brühe ablöschen und mit dieser Mischung die Suppe binden. Kochen, bis sie andickt. Mit Honig, Essig und Sojasauce pikant süß-sauer abschmecken.

Spanische Mandelsuppe

125 g abgezogene Mandeln
3 EL Olivenöl
2 bis 3 gehackte Knoblauchzehen
2 Scheiben Weißbrot
1 rote Paprikaschote
3 schwarze Pfefferkörner
1 Gewürzkapsel Safran
½ l Hühnerbrühe mit ½ l Wasser verdünnt
1 bis 2 EL Honig

Mandeln in heißem Öl goldbraun rösten, dann herausnehmen. In demselben Öl Knoblauchzehen, gewürfeltes Weißbrot, feingeschnittene Paprikaschote und Pfefferkörner bei schwacher Hitze braten, bis die Mischung leicht Farbe angenommen hat. Alles mit Mandeln und Safran in einem Steinmörser zu einer glatten Masse zerstoßen oder im Mixer mit etwas Brühe pürieren. Die Masse in einen Topf geben und unter Rühren erhitzen, dann nach und nach die kochende Hühnerbrühe zugießen. Mit Honig und evtl. etwas Salz abrunden.

Möhren-Orangen-Suppe

50 g Butter
500 g Möhren
2 große Zwiebeln
1 l Gemüsebrühe
3 unbehandelte Orangen
⅛ l süße Sahne
1 bis 2 EL Honig
Pfeffer
Meersalz

Die Butter zerlassen, die in Scheiben geschnittenen Möhren und Zwiebeln zugeben und im bedeckten Topf 5 Minuten schmoren lassen. Heiße Brühe nach und nach angießen, weitere 15 Minuten bei schwacher Hitze simmern lassen. Gemüse und Brühe etwas abgekühlt im Mixer pürieren. Den ausgepreßten Saft der Orangen zugeben und kurz im Mixer untermischen. Suppe wieder in den Topf geben, Sahne und Honig einrühren und mit etwas Salz und Pfeffer abschmecken. Vorsichtig erhitzen, aber nicht mehr kochen. Etwas Orangenschale ohne den weißen Teil in feine Streifen schneiden, kurz in heißem Wasser blanchieren, abtropfen lassen und vor dem Servieren über die Suppe streuen.

Ochsenschwanz-Tomaten-Suppe

750 g Ochsenschwanz
1 EL Öl
350 g Zwiebeln
1 Bund Suppengrün
1 kg reife, saftige Tomaten
½ l Fleischbrühe
1 Lorbeerblatt
3 Pimentkörner
1 Glas Sherry
1 EL Honig
Salz

Ochsenschwanz vom Schlachter in kleine Stücke teilen lassen. Öl in einem Topf mit gut schließendem Deckel erhitzen und die Ochsenschwanzstücke darin rundherum kräftig anbräunen. Die gewürfelten Zwiebeln ebenfalls mit anbräunen. Dann das feingeschnittene Suppengrün und die geviertelten Tomaten zugeben, kurz schmoren lassen, dann mit etwas Fleischbrühe ablöschen. Topfdeckel auflegen und die Suppe mit Lorbeer und Piment bei schwacher Hitze ca. 2 Stunden garen. Zwischendurch evtl. etwas Brühe nachgießen. Sind die Tomaten sehr saftig und entweicht aus dem Topf wenig Dampf, braucht man wenig zusätzliche Flüssigkeit. Ochsenschwanzstücke herausnehmen und das Fleisch von den Knochen lösen. Das Gemüse durch ein Sieb passieren, Fleisch hineingeben, die Suppe wieder erhitzen und mit Sherry, Honig und etwas Salz abschmecken.

Steckrübensuppe

750 g Hammelfleisch
1 gestrichener TL Kümmel
1 Lorbeerblatt
1 kg Steckrüben
1 Porreestange
1 Apfel
2 Brühwürfel
Schwarzer Pfeffer aus der Mühle
1 EL Honig

Für die Klöße:
200 g ungebleichtes Weizenmehl
1 Prise Salz
1 Prise Muskat
1 Tropfen Honig
1 großes Ei

Das kleingeschnittene, nicht zu fette Hammelfleisch wird mit kaltem Wasser gut bedeckt. Kümmel und Lorbeerblatt zugeben und alles 1 Stunde kochen lassen. Dann die geputzten, in kleine Würfel geschnittenen Steckrüben, die in Scheiben geschnittene Porreestange (nur weiße und gelbe Teile) und den geschälten und gewürfelten Apfel zugeben. Mit Brühwürfeln und Pfeffer würzen, noch mal 30 Minuten kochen lassen, dann mit Honig abschmecken. In der Zwischenzeit das Mehl mit Gewürzen und Ei zu einem glatten Teig rühren. Mit dem Löffel kleine Klöße abstechen und in die heiße Suppe geben. Nicht mehr kochen, nur ziehen lassen, bis die Klößchen oben schwimmen. Mit Pfeffer abschmecken.

Gemüse

Vorspeisen, Gemüsegerichte, Beilagen

Ein Toast kann als Vorspeise gereicht werden oder auch als kleines Abendessen. Gemüse gibt es als Beilage oder als eigenständiges Gericht. Die hier vorgestellten Rezepte sind vielseitig variierbar. Für eine ganze Mahlzeit mögen je nach Appetit die Mengen manchmal nicht ausreichen. Sind die Speisen als Menüteile gedacht, müssen die Vor- und Nachgänge geschmacklich und auch farblich passen, denn das Auge ißt ja bekanntlich mit.

Spanische Rarebits

1 Zwiebel
2 EL Butter
3 kleine Tomaten
1 grüne Paprikaschote
200 g geriebener Emmentaler
2 Eigelb
1 TL Honig
1 Prise Rosenpaprika
Salz
einige Tropfen Sherry
4 bis 6 Scheiben Weizentoast
30 g Butter

Zwiebeln in kleine Würfel schneiden und in Butter andünsten. Tomaten und Paprikaschote feinwürfeln und zugeben. So lange dünsten, bis die Flüssigkeit verdampft ist. Emmentaler untermischen und die Pfanne vom Herd nehmen. Eigelb gut verquirlen, Honig, Rosenpaprika und etwas Salz sowie etwas Sherry unterrühren und unter die Gemüse-Käse-Masse mischen. Weizenbrot toasten, die Masse fingerdick aufstreichen, mit Butterflöckchen belegen und überbacken. Heiß servieren.

Käsetoast »Honolulu«

4 Scheiben Weißbrot
20 g Butter
4 Scheiben roher Schinken
4 Scheiben Ananas
2 TL Honig
2 Käsescheiben
2 Eiweiß, steif geschlagen
Johannisbeermarmelade

Weißbrot toasten und mit Butter bestreichen. Mit je 1 Scheibe Schinken und 1 Scheibe Ananas belegen, je ½ TL Honig auf die Ananas tropfen lassen. Mit Käse belegen und Eischnee auf die Käsetoasts streichen. Bei ca. 200 Grad überbacken, bis sich der Eischnee goldbraun färbt. Mit Johannisbeermarmelade – möglichst mit Honig! (siehe *Marmeladenrezepte,* Seiten 120f.) – verziert servieren.

Bananenzwieback »Hortense«

5 Bananen
1 EL Honig
1 TL Zitronensaft
1 Tropfen Chilisauce
4 EL grobgehackte Walnüsse
4 Zwieback
Cognackirschen (siehe Rezept, Seite 201)

4 Bananen schälen und zerdrücken, mit Honig sowie Zitronensaft mischen und mit Chilisauce würzen. Walnüsse unterheben. Zwieback mit der Bananenmasse bestreichen, mit Scheibchen der übrigen Banane belegen und mit Cognackirschen verziert servieren.

Shrimpscocktail »Honey«

3 EL Mayonnaise
2 EL Joghurt
2 EL Zitronensaft
1 Prise Salz
1 EL Honig
3 EL Meerrettich
250 g Sellerie
1 großer roter Apfel
⅛ l Schlagsahne
200 g Shrimps
Salatblätter und Kresse zum Garnieren

Mayonnaise mit Joghurt und Zitronensaft, Salz, Honig und Meerrettich verrühren. Sellerie schälen und direkt in die Sauce raspeln. Den ungeschälten, gut gewaschenen Apfel ebenfalls raspeln oder in Stiftchen schneiden, dann untermischen. Nun die geschlagene Sahne und die Shrimps locker unterheben. Auf Salatblätter anrichten und mit Kresse verziert servieren.

Gefüllte Honigbirnen

4 ganze Birnen
250 g Quark
⅛ l saure Sahne
½ Becher Joghurt
1 TL Tomatenmark
1 Ei
1 EL Honig
1 Spritzer Tabasco
1 Prise Salz
150 g Krabben
50 g feingeschnittene rote Paprikaschoten
Salatblätter zum Anrichten

Die Birnen ungeschält in Hälften teilen und tief aushöhlen. Quark mit saurer Sahne cremig rühren. Joghurt, Tomatenmark sowie das rohe Ei dazugeben und gut verrühren. Honig, Tabasco und 1 Prise Salz sowie zwei Drittel der Krabben und der Paprikastreifen untermischen. Die Birnen damit füllen. Mit den restlichen Krabben und Paprikastreifen garnieren und auf Salatblättern angerichtet servieren.

Wachteleiercocktail

20 Wachteleier
Salatblätter zum Anrichten
3 EL Meerrettich
1 Msp. Curry
1 EL Senf
2 EL Honig
2 EL Mayonnaise
1 EL Weinbrand
1 Bund Schnittlauch
1 Bund Petersilie

Die Wachteleier 3 Minuten kochen und gut abschrecken, schälen und auf die Salatblätter verteilen. Aus Meerrettich, Curry, Senf, Honig, Mayonnaise und Weinbrand eine Sauce herstellen und über die Wachteleier gießen. Mit den gehackten Kräutern verzieren.

Lausanner Spargelpudding

500 g frischer Spargel
Salz
etwas Butter
etwas Honig
¼ l Sahne
150 g Mehl
2 TL Honig
1 EL Zitronensaft
50 g Butter
6 Eier
200 g roher Schinken
30 g Butter
1 Ei
geriebener Parmesan

Spargel schälen, in Stücke schneiden und in Salzwasser mit etwas Butter und Honig garen. Abtropfen lassen. Sahne mit Mehl, Honig, Zitronensaft, Butter, den 6 Eiern und dem in kleine Würfel geschnittenen Schinken zu einem glatten Teig verarbeiten. Eine Auflaufform mit Butter etwas ausfetten, Spargel und Schinkenteig schichtweise in die Form geben, mit Teig bedecken. Butterflöckchen überstreuen. Das Ei gut verquirlen, über den Teig verteilen und reichlich Parmesan überstreuen. Bei mittlerer Hitze 60 Minuten backen.

Florentiner Spinat auf Ei-Honig-Schnitten

500 g Spinat
Salz
1 Becher Sahne
6 Eigelb
1 TL Honig
Salz
80 g geriebener Parmesan
4 Eiweiß
2 Eigelb
¼ l Milch

Spinat waschen und säubern, in leicht gesalzenem Wasser weich kochen und durch ein Sieb streichen. Geschlagene Sahne mit 4 Eigelb, Honig, Salz und Parmesan verquirlen, unter den Spinat mischen. Eiweiß steifschlagen und ebenfalls unterziehen. 2 Eigelb mit Milch, Honig, Pfeffer und Salz verrühren. Toastbrot in dieser Sauce tränken. Olivenöl in einer Pfanne erhitzen und das getränkte Toastbrot darin auf beiden Seiten goldbraun braten. Die Spinatmischung auf die Toast-

2 EL Honig
Pfeffer
Salz
8 Scheiben Toastbrot
4 EL Olivenöl

scheiben verteilen, unter dem Grill kurz überbacken.

Spinatomelette à la Pergola

600 g tiefgekühlter Spinat
150 g Zwiebeln
25 g Butter
Pfeffer
Salz
etwas geriebene Muskatnuß
7 Eier
4 EL Milch
1 EL Honig
Butter zum Ausbacken

Den Spinat mit etwas Wasser unter häufigem Rühren bei großer Hitze auftauen. Zwiebeln schälen, feinwürfeln und in 25 g Butter glasig dünsten. Spinat zufügen, mit den Gewürzen abschmecken. Leicht weiterkochen lassen, bis die Flüssigkeit verdampft ist. Abkühlen lassen. Nun die Eier schaumig schlagen, mit der Milch verrühren, Honig zugeben und mit Pfeffer und Salz würzen. Spinat mit der Eiermilch mischen.
Je ein Sechstel in einer Pfanne mit heißer Butter verteilen und backen, bis die Eimischung stockt und der Rand sich bräunt. Omelette auf vorgewärmte Teller gleiten lassen, zusammenklappen und sofort servieren.

Honiggefüllte Zucchini

4 mittelgroße Zucchini
1 Dose Maiskörner (Einwaage 230 g)
4 bis 5 EL Sahne
100 g körniger Frischkäse
3 EL flüssiger Gebirgsblütenhonig
1 Prise Pfeffer
1 Prise Meersalz
125 g alter Gouda
1 EL Pflanzenöl

Zucchini säubern und der Länge nach halbieren. Das Fruchtfleisch aushöhlen und feinhacken. Mit Mais, Sahne, körnigem Frischkäse, Honig, Pfeffer und Salz gut vermischen. Die Masse in die Zucchinischalen füllen. Den Gouda feinreiben. Zucchini in eine leicht gefettete Form geben und mit Käse bestreuen. Im vorgeheizten Ofen bei 165 Grad (Gas: Stufe 1) 50 Minuten überbacken.

Gemüseplatte Feinschmeckerart

250 g Spargel
250 g junge Erbsen
250 g junge Karotten
100 g Frühlingszwiebeln
Salzwasser
2 TL Honig
1 Eigelb
1 Becher Schlagsahne
Chilisauce
Cayennepfeffer
Salz
Blattsalat und gehackte Walnüsse

Spargel in 4 cm lange Stücke schneiden. Die Gemüse und die Zwiebeln getrennt in kochendem Salzwasser garen. Zum Spargelwasser 1 TL Honig zugeben. Eigelb mit übrigem Honig verrühren, die Sahne zugeben und mit Chilisauce, Cayennepfeffer und Salz abschmecken. Gemüse auf einer Platte anrichten, dann die Sauce darübergießen. Mit Salatblättern verzieren und gehackte Walnüsse überstreuen.

Apfel-Zwiebel-Gemüse

350 g Äpfel
350 g Zwiebeln
etwas kaltgepreßtes Olivenöl
Salz
Rosenpaprika
2 EL Honig

Äpfel und Zwiebeln schälen, Äpfel vierteln und Kerngehäuse entfernen, alles in Scheiben schneiden. Olivenöl in einer Pfanne erhitzen, Äpfel und Zwiebeln hineingeben. Mit wenig Salz und reichlich Rosenpaprika würzen, vor dem Servieren den Honig unterrühren.
Das Gemüse schmeckt gut zu gebratener Leber.

Chinakohl in Honig

1 EL Olivenöl
1 kleine Zwiebel
500 g Chinakohl
1 EL Honig
1 EL Sojasauce
Pfeffer
Meersalz

Olivenöl erhitzen und die feingewürfelte Zwiebel darin andünsten. Den in Streifen geschnittenen Chinakohl zugeben und mitschmoren lassen, Honig und Sojasauce untermischen, dann mit Pfeffer und Salz würzen.

Honig-Erbsenschoten

500 g Zuckererbsenschoten
Salzwasser
1 EL Butter
1 EL Honig

Erbsenschoten putzen und in Salzwasser garen. Butter zerlassen, Honig einrühren, Erbsenschoten in dieser Mischung schwenken und sofort servieren.

Überbackener Fenchel

3 Fenchelknollen
Salz
3 Tomaten
½ TL Meersalz
½ TL Curry
6 EL Sahne
1 Eigelb
1 TL Honig
1 EL Semmelbrösel
1 TL Parmesan
Pfeffer
Salz
20 g Butter
Tomatensauce

Die Fenchelknollen halbieren, waschen und in reichlich Salzwasser weich kochen. Die Fenchelhälften in eine gefettete Auflaufform schichten, dann Tomatenscheiben darüberlegen. Mit Meersalz und Curry überstreuen. Sahne, Eigelb, Honig, Semmelbrösel und Parmesan gut verrühren, mit Pfeffer und Salz würzen. Über die Fenchelhälften gießen und Butterflöckchen darüberstreuen. Bei 200 Grad 30 Minuten backen. Mit Tomatensauce servieren.

Glasierte Karotten

500 g runde Karotten
Salzwasser
½ TL Butter
½ TL Honig
1 EL Butter
1 EL Honig
½ Bund Petersilie

Statt der runden Karotten können auch Mohrrüben in 2 cm große Stücke geschnitten werden. Die Karotten putzen und in leicht gesalzenem Wasser unter Zugabe von etwas Butter (½ TL) und Honig (½ TL) weich dünsten. Abgießen und in der erhitzten Mischung aus Butter und Honig rundum glasieren. Mit gehackter Petersilie bestreut servieren.

Karotten mit Honig-Nuß-Sauce

750 g junge Karotten
20 g Butter
1 EL Weizenvollkornmehl
¼ l Milch
2 EL Butter
3 EL geröstete, geriebene Hasel- oder Walnüsse
1 TL Honig
1 Prise Salz

Die Karotten in 2 cm lange Stücke schneiden, in Butter (20 g) und etwas Wasser auf kleiner Flamme weich dünsten. Mehl überstäuben und mit der Milch auffüllen. Butter zerlassen, mit den Nüssen und Honig vermischen und über die Karotten geben. Etwas Salz überstreuen und sofort servieren.

Kastaniengemüse

1 kg Eßkastanien (Maronen)
2 Tassen Gemüsebrühe
50 g Butter
1 kleine Zwiebel
Salz
Muskat
1 bis 2 EL Honig

Kastanien einschneiden und im Ofen kurz rösten, so daß sie sich leicht schälen lassen. In kochendem Wasser 2 Minuten blanchieren und die braune Haut abziehen. Dann die Kastanien in der Gemüsebrühe weich kochen. Butter in einer großen Pfanne erhitzen und die feingeschnittene Zwiebel darin andünsten. Die Kastanien zugeben, mit etwas Salz und Muskat bestäuben und kurz mitdünsten, dabei vorsichtig wenden. Honig zugeben, die Kastanien nochmals wenden, so daß sie von allen Seiten von Honigbutter überzogen sind. Das Gemüse schmeckt besonders gut zu feinen Wildgerichten.

Rosenkohl nach Imkerart

500 g Rosenkohl
40 g Butter
2 EL Honig
1 Prise Muskatblüte
Salz

Rosenkohl waschen und putzen, in wenig Salzwasser gar dämpfen. Butter schmelzen, mit Honig, Muskatblüte und etwas Salz würzen, den Rosenkohl darin schwenken und sofort servieren.

Glasierte Schalotten

400 g Schalotten
100 g Butter
50 g Honig
1 Schuß Rotwein oder Brühe

Schalotten schälen. Mit der Butter und dem Honig in einer heißen Pfanne rundum bräunen. Dabei möglichst durch Schütteln der Pfanne wenden, damit die Schalotten ganz bleiben. Verdampft allzuviel Flüssigkeit, mit Wein oder Brühe ablöschen. Die Schalotten als feines Gemüse reichen oder auch als Knabberei zum Wein.

Schwarzwurzeln in Honigsahne

1 kg Schwarzwurzeln
Salzwasser
Saft von 1 Zitrone
2 EL Weißenvollkornmehl
2 EL Butter
1/8 l Schlagsahne
100 ml Milch
2 EL Honig
geriebene Muskatnuß
Salz

Schwarzwurzeln waschen, schälen, in 1 cm dicke Scheiben schneiden und in Salzwasser mit Zitronensaft weich dünsten. Mehl in zerlassener Butter hell anschwitzen, mit Sahne und Milch ablöschen. Honig unterrühren und mit Muskat und Salz würzen. Schwarzwurzeln mit der Sahnesauce übergießen und sofort servieren.

Zwiebeln mit Honigsauce

8 mittelgroße Zwiebeln
1/2 l Wasser
1/2 l herber Weißwein
1 EL Butter
1 EL Weizenvollkornmehl
Majoran
Pfeffer
1 TL Honig
etwas Zitronensaft

Zwiebeln in Wasser und Weißwein gar kochen, herausnehmen und warm stellen. Butter bei mittlerer Hitze zerlassen, Mehl unterrühren, mit dem Weißwein-Wasser-Sud ablöschen und mit etwas Majoran, Pfeffer, Honig und Zitronensaft würzen. Die Zwiebeln kreuzweise einschneiden und mit der Sauce übergossen servieren.

Zwiebeln in Rotwein

2 EL Olivenöl
1 kg Zwiebeln
1 l Rotwein
2 EL Honig

In einer feuerfesten Form das Öl erhitzen und die Zwiebeln darin rundum andünsten. Dann so sortieren, daß sie nebeneinander mit der Wurzelseite nach unten liegen. Mit so viel Rotwein angießen, daß die Zwiebeln bis zur Hälfte im Wein liegen. Form in den vorgeheizten Ofen geben und bei mittlerer Hitze 60 bis 90 Minuten garen. Dabei ab und zu Wein nachgießen. Zuletzt den Honig überträufeln und die Weinsauce sirupartig einkochen lassen. Kalt servieren.

Fisch

Fische und Schalentiere

Fischfilet in Cremesauce

Kopf, Gräten und Schwanz von
1 Rotbarsch
1 Lorbeerblatt
3 Pfefferkörner
2 Zitronenscheiben
2 Möhren
2 Zwiebeln
1 TL Salz
1 TL Honig
4 gehäufte EL Erdnußcreme
2 TL Honig
800 g Fischfilet (Rotbarsch, Seelachs)

Fischköpfe, Gräten und Schwänze gibt es beim Fischhändler meist gratis. Sie werden in Wasser mit Lorbeer, Pfeffer sowie Zitronenscheiben aufgesetzt und gründlich ausgekocht. Inzwischen die Möhren putzen und in Scheiben schneiden, dann die Zwiebeln in dünne Ringe teilen. Beides mit Salz, Honig und etwas Wasser fast gar dünsten.
Dann das Gemüse mit ¾ l von der Fischbrühe aufgießen, mit Erdnußcreme binden und mit Honig abschmecken. Das in mundgerechte Stücke geschnittene Fischfilet in die Sauce legen und bei milder Hitze gar ziehen lassen.

Estnischer Fisch in Stachelbeersauce

500 g Schellfisch oder Rotbarsch
Zitronensaft
Butterflöckchen
Suppengewürz
125 g grüne Stachelbeeren
2 hartgekochte Eigelb
40 g Weizenmehl
2 EL Butter
¼ l Sahne
Milch nach Bedarf
2 EL Honig
1 Prise Salz
feingewiegte Petersilie
40 g Butter

Fisch zerschneiden, waschen und abtrocknen, dann mit Zitronensaft beträufeln. Butterflöckchen und zerkleinertes Suppengewürz in eine Kasserolle betten, Fischstücke darauflegen und bei schwacher Hitze gar dünsten. Stachelbeeren kurz aufkochen lassen, mit den Eigelb durch ein Sieb streichen. Weizenmehl in Butter anschwitzen, mit dem Fischsud auffüllen, Sahne und nach Bedarf etwas Milch zugeben. Stachelbeermasse einrühren, dann etwas durchziehen lassen. Honig, Salz, Petersilie und Butter unterrühren. Fisch in der Sauce servieren.

Fischpfanne Küstenart

600 g Fischfilet (Rotbarsch, Seelachs)
Pfeffer
Salz
Paprikapulver
150 g Schinkenspeck
1 bis 1½ Tassen Sherry
2 bis 3 Zwiebeln
1 Dose Tomaten
4 EL Honig
100 g Sahne
gehackte Petersilie

Fischfilet waschen, abtrocknen und in Portionsstücke schneiden. Mit Pfeffer, Salz und Paprika einreiben. Schinkenspeck nicht zu dünn schneiden und auf beiden Seiten gut anbraten, dann mit Sherry ablöschen. Eine Pfanne mit Deckel oder eine Auflaufform damit auslegen und den Sherrybratensatz darübergießen. Fisch auf den Speck legen, die in Ringe geschnittenen Zwiebeln und die grobgehackten Tomaten (auch abgezogene frische in gleicher Menge) darüber verteilen. Honig und Sahne verrühren und darübergießen. Abgedeckt im Ofen bei milder Hitze 25 bis 30 Minuten garen lassen. Fischpfanne mit gehackter Petersilie garniert servieren.

Forellen in Papierhülle

4 kleine Forellen
4 mittelgroße Zwiebeln
5 Champignons
2 TL Honig
200 ml Weißwein
1½ EL Olivenöl
etwas Kümmel
gehackte Petersilie
Chilisauce
Salz
Buttersauce

Forellen waschen und säubern. Aus den restlichen Zutaten eine Marinade bereiten, Forellen darin ziehen lassen. Nach einigen Stunden die Fische einzeln in gefettetes Pergamentpapier einwickeln, in einer Kasserolle nebeneinander bei geringer Hitze gar dünsten. Mit einer Buttersauce servieren.

Hecht l'Anglaise

500 g Hecht
1 mittelgroße Zwiebel
etwas Olivenöl
250 g Tomaten
Pfeffer
Salz
1 TL Honig
200 ml Apfelwein
Petersilie oder Kresse

Hecht säubern und in kleine Stücke schneiden. Zwiebel in Ringe schneiden, dann in etwas Olivenöl andünsten. Die in Scheiben geschnittenen Tomaten zugeben und mit Pfeffer und Salz würzen. Honig und Apfelwein unterrühren. Fisch in eine feuerfeste Form geben, die Sauce darübergießen und im Backofen bei mittlerer Hitze 30 Minuten bakken. Mit Petersilie oder Kresse garniert servieren.

Hummerkrabben »Boortha«

20 Hummerkrabben
2 große Zwiebeln
¼ Tasse Pflanzenöl
1 TL Knoblauchpulver
¼ TL zerdrückte rote Pfefferschoten
1 TL gemahlener Ingwer
½ TL gemahlener Kreuzkümmel
1 Prise Salz
4 EL ungesüßte Kokosflocken
½ Tasse kochendes Wasser

Die Krabben schälen und reinigen. Die Zwiebeln feinhacken, im erhitzten Öl goldbraun braten, alle Gewürze zugeben und Zwiebeln bei mittlerer Hitze 5 Minuten schmoren lassen. Anschließend die Krabben zugeben. In der Zwischenzeit die Kokosflocken mit etwa 8 EL kochendem Wasser begießen. Abkühlen lassen, die Kokosmilch auspressen und zu den kochenden Krabben geben. Noch 1 bis 2 Minuten mitkochen.

Pikanter Honigkarpfen

1 Karpfen
Essig
Salz
100 g Butter
100 g Zwiebel
100 g gemischtes Suppengrün
2 Knoblauchzehen
3 Zweige Thymian
1 Lorbeerblatt
4 Pfefferkörner
4 Gewürznelken
etwas Ingwer
1 l dunkles Bier
25 g Honig
2 TL Zitronenschale
50 g Lebkuchen
60 g Rosinen
50 g Walnüsse
30 g gestoßene Mandeln
2 EL Honig
2 EL Weinessig
Salz

Karpfen schuppen, aufschneiden und die Eingeweide herausnehmen. Blut mit Essig ausschwemmen und aufheben. Karpfen in 4 Stücke schneiden und einsalzen. Den Karpfenkopf in kleine Stücke hacken und in einer Pfanne mit Butter, feingewürfelter Zwiebel, zerkleinertem Suppengrün, Knoblauch, Thymian, Lorbeerblatt, Pfefferkörnern, Gewürznelken, Ingwer und Bier 15 Minuten kochen lassen, dann absieben und das Gemüse gut durchdrücken. Honig in einer Pfanne schmelzen und karamelisieren. Sud und Blut zugeben, Zitronenschale, geriebenen Lebkuchen, Rosinen, blättrig geschnittene Walnüsse und Mandeln unterrühren. Die gesalzenen Fischstücke hineinlegen und 30 Minuten darin dünsten lassen. 2 EL Honig mit Weinessig sowie 1 Prise Salz verrühren und in die Sauce geben.

Matjeshering in Honig-Preiselbeer-Joghurt

4 gut gewässerte Matjesfilets
1 Becher Joghurt
½ Tasse Sauerrahm
2 TL Bienenhonig
4 EL Preiselbeerkompott
Petersilie

Matjesfilets in mundgerechte Stücke schneiden oder die ganzen Matjesfilets auf einer Platte anrichten. Joghurt mit den übrigen Zutaten verquirlen und über die Matjesfilets geben. Mit Petersiliensträußchen garniert servieren.

Isländischer Matjeshering

3 große Matjesheringe
3 mittelgroße Zwiebeln
10 Pefferkörner
7 Pimentkörner
1 Gewürzgurke
einige Senffrüchte
1 Zitrone
1 Röhrchen Kapern
1 Lorbeerblatt
½ l saure Sahne
1 EL Weinessig
1½ EL Honig

Die Matjesheringe säubern, waschen, entgräten und in Stücke schneiden. Zwiebeln in Scheiben bzw. Ringe schneiden und um die Heringe aufschichten. Pfeffer- und Pimentkörner grob zerstoßen, mit der grobgewürfelten Gewürzgurke, den Senffrüchten, der in Scheiben geschnittenen Zitrone, den Kapern, dem Lorbeerblatt, der sauren Sahne, dem Weinessig und dem Honig vermischen. Mischung über die Heringe gießen. 2 Tage ziehen lassen, mit Pellkartoffeln servieren.

Indischer Zimtfisch

750 g Rotbarschfilet
Salz
6 große Tomaten
1 große Zwiebel
Pfeffer
Salz
2 Zimtstangen
2 bis 3 EL Essig
4 EL Öl
1 EL Honig
40 g Butter
3 EL Mehl
2 Eigelb
Margarine zum Einfetten
geriebener Käse
Paprika
einige Butterflöckchen

Die vorbereiteten Filets in kleine Stücke schneiden und leicht salzen. Tomaten mit kochendem Wasser überbrühen, die Haut abziehen und das Fruchtfleisch würfeln. Die Zwiebel feinhacken. Tomaten und Zwiebel mit Pfeffer, Zimtstangen, Essig und Öl kurz aufkochen, dann den Zimt herausnehmen. Fischfilets sowie Honig zugeben und kurz ziehen lassen. Fisch aus der Sauce nehmen und warm stellen.

Butter in einem Topf schmelzen, Mehl darin anschwitzen, die Tomaten-Zwiebel-Mischung zugeben, dann die Eigelb unterrühren. Fisch in eine leicht gefettete feuerfeste Form legen, mit der Sauce übergießen, mit Käse, Paprika und einigen Butterflöckchen bestreuen. Bei mittlerer Hitze überbacken.

Pikante Rütsieler Muscheln

2,5 kg Miesmuscheln
250 g Zwiebeln
4 Knoblauchzehen
250 g Porree
2 EL Öl
200 g Ammerländer Räucherschinken
1 große Dose Tomaten
¼ l Weißwein
1 TL Paprikapulver (edelsüß)
¼ TL Cayennepfeffer
1 Prise schwarzer Pfeffer
1 Prise Salz
1 EL Honig

Die Miesmuscheln unter fließendem kaltem Wasser kräftig schrubben. Kalk und Schneckengehäuse mit dem Messerrücken abkratzen, den Faden mit einem Messer entfernen. Im Wasser oben schwimmende und offene Muscheln entfernen. Zwiebeln schälen und grobhacken. Knoblauch feinhacken und mit dem Messer zerdrücken. Porree putzen, waschen und in dünne Ringe schneiden. In einem Bräter Öl erhitzen, die Zwiebeln anbraten, Knoblauch zugeben und weiterschmoren, bis die Zwiebeln glasig sind. Porree zufügen und ebenfalls mitschmoren lassen. Den Schinken in 4 cm lange, dünne Streifen schneiden, in den Topf geben und alles weitere 5 Minuten schmoren lassen. Tomaten grobhacken und mit dem Saft zugeben. Weißwein, Paprika und Cayennepfeffer zugeben und das Ganze ca. 15 Minuten kochen lassen. Die Flüssigkeit so weit verdampfen lassen, daß ein breiiger Sud entsteht. Mit Pfeffer, Salz und Honig abschmecken. Die Muscheln in den Sud geben, dann den Topf abdecken. Aufkochen und nach 5 Minuten die Muscheln einmal mit einer großen Kelle umdrehen. Die Muscheln sind gar, wenn sie sich geöffnet haben. Jetzt noch geschlossene Muscheln sind schlecht. Die Muscheln in einer großen Steingutschüssel servieren.

Fleisch

Innereien und Fleischgerichte

Herzragout

1500 g Rinderherz
2 l Wasser
Weißer Pfeffer
Salz
1 Lorbeerblatt
1 Bund Suppengrün
1 Zwiebel
30 g Butter
30 g Mehl
1 EL Tomatenmark
1½ EL Honig
⅛ l Rotwein
2 Gewürzgurken (ca. 100 g)
30 g Kapern

Rinderherz längs halbieren und Röhrchen und Hautreste abschneiden. Gut mit kaltem Wasser abwaschen und abtrocknen. Wasser mit weißem Pfeffer, Salz und Lorbeerblatt aufkochen, dann die beiden Herzhälften hineingeben. Suppengrün in große Stücke schneiden und ebenfalls zugeben. 80 bis 90 Minuten kochen lassen. Das Herz herausnehmen. Kochwasser mit dem Gemüse durch ein feines Sieb passieren oder im Mixer pürieren. Warm stellen. Zwiebel feinhakken, in Butter glasig dünsten und das Mehl darüberstäuben. ½ l von der Kochbrühe unter Rühren zugießen und 5 Minuten kochen lassen. Tomatenmark, Honig und Rotwein unterrühren. Sauce mit Pfeffer und Salz abschmecken. Gurken feinwürfeln und mit den Kapern zugeben. Das Herz in kleine Würfel schneiden, in die Sauce geben und noch mal 10 Minuten ziehen lassen.

Kalbsbries »hawaiianisch«

400 g gewaschenes Kalbsbries
2 TL gehackte Zwiebeln
1 TL gewiegte Petersilie
5 EL Butter
2 EL Weißwein

Das Kalbsbries in wenig kochendem Wasser ziehen lassen, enthäuten und in Würfel schneiden. Zwiebeln und Petersilie in Butter andünsten, Kalbsbries kurz mitdünsten lassen, mit Weißwein ablöschen. Die Banane in Scheiben schneiden und mit den Kapern zugeben. Sahne, Eigelb, Honig und Semmel-

1 Banane
2 TL Kapern
2 EL Sahne
1 Eigelb
1 TL Honig
1 EL Semmelbrösel
1 Prise Salz
Rosenpaprika
Ananasstückchen
Butterflocken

brösel vermischen, mit etwas Salz und Rosenpaprika würzen, dann über das Bries geben. In eine feuerfeste, leicht gefettete Form oder in Portionsförmchen füllen, Ananasstückchen und Butterflocken darauf verteilen und im Ofen bei milder Hitze 30 Minuten überbacken.

Geschnetzelte Leber

350 g Kalbs- oder Schweineleber in Scheiben
Mehl
40 g Butter
4 Zwiebeln
2 Äpfel
1 bis 2 EL Curry
6 EL Sahne
2 EL Honig
100 g Erdnüsse
100 g Mangochutney

Leber in Streifen schneiden, etwas Mehl überstreuen und in Butter goldbraun braten. Aus der Pfanne nehmen. Die Zwiebeln in Ringe schneiden, Äpfel schälen, Kerngehäuse ausstechen und achteln. Zwiebeln und Apfelstücke anbraten. Leber darauflegen, Curry nach Geschmack darüberstreuen. Sahne mit Honig mischen, Leber aus der Pfanne nehmen, die Sauce mit der Sahnemischung ablöschen und mit grobgehackten Erdnüssen und Mangochutney zu Reis servieren.

Nieren in Honigmetsauce

800 g Schweinenieren
1 Zwiebel
1 Knoblauchzehe
Salz
40 g Butter
1 Lorbeerblatt
4 Gewürznelken
¼ l Fleischbrühe
Salz
Schwarzer Pfeffer
etwas Honig
1 Prise geriebene Muskatnuß
Paprika (edelsüß)
3 EL Speisestärke
⅛ l Met
1 EL Honig

Nieren häuten und längs halbieren, Fett, Sehnen und Röhren entfernen. In kaltem Wasser 1 Stunde wässern, Wasser mehrmals erneuern. Die Nieren abtrocknen und in dünne Streifen schneiden. Zwiebel feinwürfeln und Knoblauchzehe mit etwas Salz zerdrücken. Zwiebelwürfel in der Butter glasig dünsten und Knoblauchzehe unterrühren. Dann Nieren, das Lorbeerblatt sowie die Gewürznelken zugeben und mit heißer Fleischbrühe begießen. Abdecken und 10 bis 15 Minuten schmoren lassen. Mit Salz, schwarzem Pfeffer, etwas Honig, Muskatnuß und Paprika abschmecken. Nelken und Lorbeerblatt herausnehmen. Speisestärke mit wenig Wasser glattrühren und in die Sauce geben. Met leicht erwärmen, Honig unterrühren und in die Sauce mischen. Noch mal erwärmen, aber nicht mehr kochen.

Kalbsrouladen mit Salbei

4 dünne Kalbsschnitzel
4 Scheiben roher Schinken
4 Scheiben Käse
4 Salbeiblätter
Olivenöl
3 Tomaten
3 EL Rotwein
½ EL Senf
½ EL Honig
1 EL Mehl
150 ml Sahne

Die Kalbsschnitzel gut klopfen, mit je 1 Scheibe Schinken und Käse und je 1 Salbeiblatt belegt einrollen und mit kleinen Spießchen feststecken. Rouladen in heißem Olivenöl anbraten. Tomaten in Stücke schneiden und zugeben, Rotwein übergießen. Etwas heißes Wasser mit Senf und Honig verrühren, über das Fleisch geben und garen. Mehl in der Sahne anrühren und die Sauce damit binden.

Marinierte Lammkoteletts

⅛ l Weißweinessig
¼ l herber Weißwein
4 EL Honig
1 TL Senf
1 TL Salbeiblätter
1 TL Basilikumblätter
3 Knoblauchzehen
4 Wacholderbeeren
3 Nelken
10 Pfefferkörner
Olivenöl
8 Lammkoteletts

Weißweinessig und Weißwein mit Honig, Senf, Salbei- und Basilikumblättern, den halbierten Knoblauchzehen, Wacholderbeeren, Nelken und den ganzen Pfefferkörnern vermischen und die Lammkoteletts in dieser Beize über Nacht ziehen lassen. Olivenöl in einer Pfanne erhitzen, die Lammkoteletts von beiden Seiten braten und warm stellen. Den Bratenfond mit etwas Marinade ablöschen, Sauce nach Geschmack binden und zu den Lammkoteletts reichen.

Ochsenschwanz, geschmort

500 g Ochsenschwanz
etwas Olivenöl
1 Petersilienwurzel
1 Mohrrübe
250 g Zwiebeln
½ Lorbeerblatt
6 zerstoßene Pimentkörner
6 zerstoßene Pfefferkörner
3 EL Mehl
150 ml Madeira
1 EL Honig
Salz
Tomatenmark

Ochsenschwanz zerteilen und in etwas Öl anbraten. Wasser übergießen. Petersilienwurzel, die in Stücke geschnittene Mohrrübe, die gewürfelten Zwiebeln sowie Piment und Pfeffer zugeben und weich schmoren lassen. Mehl überstäuben, mit Madeira ablöschen und Honig unterrühren. Mit etwas Salz und einer Spur Tomatenmark würzen. Ochsenschwanz mit der Sauce übergossen servieren.

Ochsenbrust mit polnischer Honigsauce

750 g Ochsenbrust
1 Lorbeerblatt
2 Nelken
1 Zwiebel
5 Pfefferkörner
1 Bund Suppengrün

Für die Sauce:
75 g Mandelstifte
70 g Rosinen
70 g Korinthen
4 Gewürznelken
¼ TL Zimt
½ TL geriebene Zitronenschale
¼ l Rotwein
1 EL Zucker
30 g Butter
20 g Weizenmehl
20 g Semmelbrösel
2 TL Honig

Ochsenbrust kalt abspülen und in 2 l kochendes Wasser geben. Die geschälte, mit Lorbeerblatt und Nelken gespickte Zwiebel, Pfefferkörner und das geputzte und zerkleinerte Suppengrün zugeben und zugedeckt bei mittlerer Hitze 90 Minuten kochen lassen.
In der Zwischenzeit Mandeln, Rosinen, Korinthen, Gewürznelken, Zimt und Zitronenschale mit dem Rotwein kochen, bis die Rosinen gequollen sind. Zucker in Butter hellbraun rösten, Weizenmehl und Semmelbrösel unterrühren. Den Rotwein zugeben und unter Rühren aufwallen lassen. Zuletzt den Honig unterrühren und nicht mehr kochen.
Das Fleisch aus der Brühe nehmen, Fett abschneiden und das Fleisch in Scheiben anrichten. Sauce dazu reichen.
Als Beilage schmecken Butternudeln oder Kartoffelklöße. Die Brühe kann abgeschmeckt als Vorsuppe gereicht werden.

Pilzgulasch

500 g Rindergulasch
Olivenöl
2 große Zwiebeln
1 Knoblauchzehe
Salz
Pfeffer
Paprika
1 EL Mehl
½ l Fleischbrühe
500 g frische Mischpilze (Butter-, Steinpilze, Pfifferlinge)
2 EL Butter
⅛ l Rotwein
2 EL Kirschwasser
2 EL Preiselbeeren
2 Birnenhälften (aus der Dose)
2 EL Honig
1 EL Petersilie

Das Rindfleisch in heißem Öl von allen Seiten gut anbraten, Zwiebeln feinhacken und zugeben, ebenfalls anrösten. Knoblauchzehe mit etwas Salz zerdrücken, ebenfalls zugeben und mit Pfeffer und Paprika würzen. Mit Mehl bestäuben und mit der Fleischbrühe ablöschen. Die geputzten Pilze blättrig schneiden, in Butter andämpfen und zum Gulasch geben. Mit Rotwein aufgießen und etwa 50 Minuten gar schmoren lassen. Dann Kirschwasser, Preiselbeeren und die in feine Scheiben geschnittenen Birnen untermischen. Mit Honig abschmecken. Mit gehackter Petersilie bestreut servieren.

Grillrippchen in Honigmarinade

1 bis 1½ kg Lendenrippchen von Schwein oder Lamm
4 EL Zitronensaft
2 TL Kräutersalz
1 EL Dijonsenf
1 EL Sojasauce
1 Tasse Honig
1 zerdrückte Knoblauchzehe

Rippchen kalt abspülen und trockentupfen. Aus den übrigen Zutaten eine Marinade rühren, die Rippchen darin mindestens 2 Stunden einlegen. Überschüssige Marinade abtropfen lassen und die Rippchen auf dem Holzkohlengrill rösten. Dabei immer wieder mit der Marinade bestreichen.
Grillrippchen kann man auch unter dem Küchengrill oder ganz einfach im Backofen zubereiten. Dann fehlt allerdings der Rauchgeschmack. Der Spaß am Knabbern bleibt.

Rheinischer Sauerbraten

1 kg mageres Rindfleisch
¼ l Rotwein
⅛ l Rotweinessig
⅛ l Wasser
1 Zwiebel
2 Lorbeerblätter
3 Nelken
3 Wacholderbeeren
50 g fetter Speck
1 große Zwiebel
1 Möhre
1 Stück Sellerie
1 Stange Lauch
Pfeffer
Salz

2 EL Rosinen
1 TL Mehl
1 EL gehackte Mandeln
1 EL Honig

Das Fleisch in eine große Schüssel legen. Rotwein, Rotweinessig und Wasser mit der in Ringe geschnittenen Zwiebel, Lorbeerblättern, Nelken sowie Wacholderbeeren aufkochen, abkühlen lassen und über das Fleisch gießen. 3 Tage in der Marinade ziehen lassen, ab und zu wenden.
Den Speck feinwürfeln, in einer großen Pfanne auslassen und das gut abgetrocknete Fleisch darin von allen Seiten gut anbraten. Die Zwiebel feinwürfeln und das Gemüse putzen und in Stücke schneiden, dann zum Fleisch geben und mit Pfeffer und Salz würzen. Abgedeckt bei geringer Hitze 30 Minuten garen. Die Marinade durch ein Sieb gießen und etwa ⅛ l zugießen, weitere 40 bis 50 Minuten garen lassen. Das Fleisch herausnehmen und warm stellen. Die Rosinen waschen und abtropfen lassen. Den Bratenfond durch ein feines Sieb passieren, wieder etwa ⅛ l der durchgesiebten Marinade zugießen. Die Sauce einmal aufkochen und mit dem mit wenig Wasser angerührten Mehl binden. Rosinen, Mandeln und Honig unterrühren und mit Pfeffer und Salz pikant abschmecken. Den Braten in Scheiben schneiden und mit der Sauce servieren.

Asiatischer Honigschinken

500 g roher Schinken
150 ml Honig
150 ml Sherry
etwas Kartoffelmehl
Chilisauce

Schinken in einer Pfanne mit dem Gemisch aus Honig und Sherry übergießen. Bei milder Hitze dünsten, dabei öfter wenden und mit der Flüssigkeit benetzen. Den garen Schinken in Stücke teilen, die Sauce mit etwas Kartoffelmehl andicken und mit einer Spur Chilisauce würzen.

Gewürz-schweinebraten

1 kg Jungschweinebraten aus der Keule
Pfeffer
Salz
¼ TL Anis
¼ TL Kümmel
2 TL Honig

Den Braten, außer auf der Schwarte, mit Pfeffer, Salz, Anis und Kümmel einreiben und 1 bis 2 Stunden ziehen lassen. Mit der Schwarte nach unten in etwa ½ Tasse kochendem Wasser ½ Stunde dämpfen. Das Fleisch herausnehmen und die Schwarte in Abständen von 1 cm einritzen, dann mit dem in wenig warmem Wasser gelösten Honig einreiben (am besten Buchweizen- oder Tannenhonig). Den Braten nun mit der Schwarte nach oben im Backofen bei 200 Grad 1 Stunde backen, dabei immer wieder mit Bratensaft und Fond begießen.

Yen Lies Schweinebraten

1 kg Schweineschulter
½ l Hühnerbrühe
8 TL Honig
3 TL Sojasauce
1 TL Salz
Süß-sauer eingelegte Birnen

Die Schweineschulter in 4 Stücke teilen. Aus Hühnerbrühe, Honig, Sojasauce und Salz eine Marinade bereiten, die Schweineschulter darin 2 Stunden ziehen lassen und gelegentlich wenden. Braten in eine feuerfeste Form geben, einen Teil der Marinade übergießen und im Backofen bei mittlerer Hitze garen. Dabei mehrmals mit der Marinade bestreichen. Mit süß-sauren Birnen servieren.

Süß-saures Schweinefleisch

500 bis 750 g mageres Schweinefleisch
1 EL Sherry
1 EL Essig
½ EL Sojasauce
5 EL Mehl
1 TL Natron
5 EL Wasser
1 Eiweiß
Schmalz
1 grüne Paprikaschote
1 rote Paprikaschote
etwa ⅛ l Fleischbrühe
5 EL Sojasauce
2 EL Akazienhonig
2 EL halbtrockener Sherry
1 EL Essig
Salz
1 kleine Dose Bambusschößlinge (140 g)
1 kleine Dose Ananasstücke (210 g)
1 kleine Dose Sojabohnenkeime (170 g)
2 EL Speisestärke

Fleisch in kleine Stücke schneiden. Sherry, Essig und Sojasauce mischen und über das Fleisch gießen, dann 30 Minuten ziehen lassen. Aus Mehl, Natron, Wasser und Eiweiß einen dünnen Teig bereiten. Fleischstücke darin wenden und in schwimmendem Schmalz knusprig braun braten. Paprikaschoten putzen, waschen und in Streifen schneiden. In etwas Schmalz kurz anbraten. Fleischbrühe übergießen, Sojasauce, Honig, Sherry und Essig untermischen, mit etwas Salz würzen. Aufkochen lassen. Bambusschößlinge, Ananasstücke und Sojabohnenkeime abtropfen lassen. Bambus in Streifen schneiden. Gemüse, Ananas sowie Fleisch in die Fleischbrühe geben und kurz mitgaren lassen. Speisestärke mit wenig Wasser anrühren, das süß-saure Schweinefleisch damit andicken und sofort servieren.

Thailändische Schweinespießchen

500 g Schweinefilet
1 EL Curry
¼ TL gemahlener Koriander
¼ TL Curcuma
1 Prise Cayennepfeffer
1 TL Honig
Salz
1 EL Olivenöl

100 g Kokosraspeln
100 g gesalzene Erdnußkerne
½ TL Curry
½ TL Curcuma
½ TL Cayennepfeffer
1 EL Honig
1 TL Zitronensaft

Fleisch in Rechtecke (2,5 × 5 cm) schneiden, in eine Schüssel geben und Curry, Koriander, Curcuma, Cayennepfeffer, Honig und Salz zugeben. Mit feuchten Händen die Gewürze vorsichtig in das Fleisch kneten. Je 1 TL Öl und Wasser zufügen und nochmals kneten. Die Schüssel abdecken und 2 Stunden ziehen lassen. Für die Erdnußsauce Kokosraspel und 0,3 l Wasser 3 Minuten lang in einer Schüssel kneten, durch ein feines Sieb in eine Schüssel geben und ca. ¼ l Kokosmilch auffangen. Erdnüsse grobhacken. Curry, Curcuma, Cayennepfeffer und Honig in die Kokosmilch rühren. Bei mittlerer Hitze die Sauce unter Rühren zum Kochen bringen. Hitze kleiner stellen und Erdnüsse zufügen. 2 Minuten unter ständigem Rühren weiterkochen lassen. Mit Zitronensaft und Salz abschmecken, dann abkühlen lassen. Fleisch aufspießen. Spieße mit Öl einstreichen und im auf höchste Stufe vorgeheizten Grill auf mittlerer Höhe 5 Minuten von jeder Seite grillen. Mit Sauce servieren.

Honigsteak

4 Steaks
2 EL Öl
2 EL Honig
Pfeffer
Salz
Pfeffersauce
100 g Butter

Öl mit Honig, Pfeffer, Salz und Pfeffersauce verrühren und die Steaks von beiden Seiten damit bestreichen. 20 Minuten einziehen lassen. Butter in einer Pfanne schmelzen und die Steaks rasch von beiden Seiten braten.

Honigfiletsteaks

1 rote Paprikaschote
1 grüne Paprikaschote
2 Zwiebeln
20 g Butter
10 gefüllte Oliven
1 kleine Dose Champignons (150 g)
⅛ l Fleischbrühe
2 EL Tomatenketchup
4 EL Olivenöl
4 Filetsteaks (à 125 g)
Salz
4 EL Honig
6 zerstoßene weiße Pfefferkörner
½ Bund Petersilie

Paprikaschoten putzen, waschen und in Streifen schneiden. Zwiebeln in Ringe schneiden. Paprika und Zwiebeln in Butter 5 Minuten unter Rühren anbraten. Oliven in dünne Scheiben schneiden, Champignons abtropfen lassen und zugeben. 5 Minuten mitbraten. Heiße Fleischbrühe angießen, Tomatenketchup unterrühren, aufkochen lassen und warm stellen. Öl in einer Pfanne erhitzen. Die flachgedrückten Filetsteaks darin auf jeder Seite ½ Minute scharf anbraten, dann auf jeder Seite noch mal 3 Minuten braten. Aus der Pfanne nehmen und salzen. Je 1 Seite mit je 1 EL Honig bestreichen und mit den zerstoßenen Pfefferkörnern bestreuen. Mit dieser Seite nach unten wieder in die Pfanne geben und 1 Minute braten. Mit der Honigseite nach oben anrichten und mit Petersilie garniert servieren.

Tafelspitz mit Honig-Meerrettich-Sahne

1 TL Salz
1 kg Tafelspitz (Schwanzstück vom Rind)
2 Möhren
½ Sellerieknolle
2 Stangen Lauch
1 Petersilienwurzel
1 Zwiebel
Schwarzer Pfeffer

1 EL Honig
¼ l süße Sahne
5 EL geriebenen Meerrettich
1 säuerlicher Apfel

2 l Wasser mit 1 TL Salz zum Kochen bringen. Das kalt abgespülte Fleisch zugeben, ebenso die in Scheiben geschnittenen Möhren, Selleriewürfel, Lauchringe und Petersilienwurzelstücke. Alles 20 Minuten kochen lassen, dann die in dünne Scheiben geschnittene Zwiebel und Pfeffer zufügen. Weitere 30 Minuten ziehen lassen. Inzwischen die Honig-Meerrettich-Sahne anrühren: Honig mit Sahne verquirlen, Meerrettich gut untermischen. Den Apfel schälen und reiben, unter die Sahnemischung geben und kühl stellen.
Das Fleisch herausnehmen und in Scheiben schneiden. Auf einer vorgewärmten Platte anrichten und mit dem aus der Brühe gehobenen Gemüse umlegen. (Brühe anderweitig verwenden!) Die Honig-Meerrettich-Sahne getrennt reichen. Dazu schmecken Salzkartoffeln oder Semmelknödel.

Zunge in Honigsauce

1 frische Rinderzunge
1 TL Zucker
3 EL Butter
3 EL Mehl
Weinessig nach Geschmack
1 Handvoll Rosinen
2 EL Honig

Rinderzunge weich kochen, abziehen und in Scheiben schneiden. Zucker in Butter goldbraun anschwitzen, Mehl dazugeben und mit der Zungenbrühe auffüllen. Weinessig nach Geschmack zugeben und Rosinen mitkochen. Honig unterrühren und Zunge in der Sauce anrichten.

Wild und Geflügel

Wild und Geflügel

Rebhühner mit Mandarinen

4 küchenfertige Rebhühner
(je 300 g)
Weißer Pfeffer
Salz
8 Wacholderbeeren
150 g geräucherter fetter Speck
60 g Butter
⅛ l Fleischbrühe
abgeriebene Schale von
½ Mandarine
1 EL Johannisbeergelee
⅛ l Weißwein
1 Dose Mandarinen
2 EL Honig
1 TL Speisestärke

Rebhühner mit kaltem Wasser innen und außen abwaschen, gut abtrocknen und mit Pfeffer und Salz einreiben. Wacholderbeeren zerdrücken, einige in die Rebhühner stekken, die übrigen darauf verteilen. Speck in dünne Scheiben schneiden, die Rebhühner damit umwickeln und mit einem Faden festbinden. 40 g von der Butter in einem Bräter zerlassen, die Rebhühner darin von allen Seiten etwa 10 Minuten anbraten. Heiße Fleischbrühe übergießen. Abgeriebene Schale der Mandarine und Johannisbeergelee unterrühren, 10 Minuten zugedeckt schmoren lassen. Wein und etwa 125 ml Mandarinensaft (aus der Dose) zugießen, noch mal 10 Minuten schmoren lassen. (Bei älteren Tieren sollte die Schmorzeit um 10 bis 15 Minuten verlängert werden.) Mandarinen abtropfen lassen, in der restlichen Butter schwenken und Honig unterrühren. Rebhühner herausnehmen, den Speckmantel abnehmen, mit den Mandarinen auf einer vorgewärmten Platte anrichten und warm stellen. Rebhuhnfond durch ein Sieb passieren und erhitzen. Speisestärke mit etwas Wasser anrühren, den Fond damit binden, einmal aufkochen lassen und mit Honig, Salz und Pfeffer abschmekken. Sauce getrennt reichen.

Gans nach Mecklenburger Art

1 Gans (ca. 5 kg)
Salz
Pfeffer
500 g Äpfel
40 g Butter
40 g Rosinen
40 g Korinthen
2 EL Honig
1 kg Rotkohl
6 bis 8 EL Essig
Salz
1 EL Honig
1 Zwiebel
1 Lorbeerblatt
3 Gewürznelken
200 g Maronen
40 g Butter
1 EL Honig
¼ l Fleischbrühe

Gans mit kaltem Wasser abspülen, innen und außen abtrocknen und mit Salz und Pfeffer einreiben. Äpfel schälen und vierteln, Kerngehäuse ausschneiden und in einer Pfanne in zerlassener Butter schwenken. Rosinen und Korinthen mit ¼ l kochendem Wasser überbrühen, abtropfen lassen und das Wasser auffangen. Rosinen und Korinthen mit den Äpfeln mischen, die Gans mit der Mischung füllen und zunähen. In eine große, leicht gefettete Pfanne legen und mit dem noch heißen Wasser übergießen. Im auf 200 Grad vorgeheizten Ofen 90 bis 120 Minuten braten, ab und zu mit dem Bratenfond begießen. Die Gans mit 2 EL Honig bestreichen und nochmals 30 Minuten unter mehrmaligem Begießen fertigbraten.
Rotkohl säubern, vierteln und streifig schneiden. 4 EL Gänsefett (vom Braten) in einen Topf geben, Rotkohl darin anschmoren lassen und ⅛ l Wasser sowie Essig übergießen, etwas Salz überstreuen, 1 EL Honig unterrühren. Zwiebel schälen und mit Lorbeerblatt und Nelken spicken, in den Kohl geben und etwa 70 Minuten garen lassen. Nach etwa 50 Minuten die Zwiebel entfernen, die Apfelviertel auf dem Kohl heiß werden lassen. Die Gans auf dem Rotkohl anrichten.
Während der Garzeit von Gans und Rotkohl die Maronen zubereiten. Dazu die Maronen kreuzweise einschneiden, 15 Minuten in Wasser kochen und schälen. 40 g Butter auflösen, 1 EL Honig unterrühren, die Maronen darin schwenken und mit heißer Fleischbrühe begießen. 15 Minuten leicht kochen lassen. Die Gans mit Maronen und evtl. einigen frischen Apfelstückchen garniert servieren.

Fasan mit Äpfeln und Maronen

250 g Maronen
¼ l Fleischbrühe
1 EL Honig
500 g Äpfel (Reinetten)
40 g Butter
1 küchenfertiger (oder tiefgefrorener) Fasan (ca. 1000 g)
Salz
100 g fetter Speck in Scheiben
4 EL Öl
2 cl Calvados
0,2 l Apfelwein
2 TL Speisestärke
⅛ l Sahne
2 EL Honig
Salz
Weißer Pfeffer

Maronen kreuzweise einschneiden und im vorgeheizten Backofen auf mittlerer Schiene bei 220 Grad 15 Minuten rösten. Die Kastanien nach und nach herausnehmen und schälen, dabei auch die Innenhaut ablösen. Fleischbrühe erhitzen, die ganzen Maronen darin noch 15 Minuten kochen, die Brühe sollte fast verkocht sein. Honig zugeben und Maronen darin glasieren. Äpfel schälen, jeden Apfel in 6 Teile teilen und entkernen. Butter in einer Pfanne zerlassen, Apfelstücke darin ca. 8 Minuten schwenken. Vom Feuer nehmen und warm stellen. Fasan unter kaltem Wasser abspülen, innen und außen abtrocknen. Überall mit etwas Salz einreiben. Flügel und Keulen am Körper festbinden und mit Speckscheiben umwickeln. Öl erhitzen, Fasan rundherum gut anbraten, dann 60 Minuten garen. Nach und nach mit heißem Wasser begießen, gelegentlich auch mit Bratfond übergießen. Fasan aus dem Topf nehmen, Fäden entfernen und warm stellen. Äpfel und Maronen nacheinander im Bratfond erhitzen. Fasan damit garnieren. Für die Sauce Calvados und Apfelwein kurz aufkochen. Die Speisestärke mit wenig kaltem Wasser anrühren und die Sauce damit binden. Sahne mit Honig verquirlen, in die Sauce rühren und mit Salz und Pfeffer abschmekken, nicht mehr kochen. Sauce über den Fasan verteilen und sofort servieren.

Chinesische Ente

8 TL Honig
1 TL Salz
1 TL Sojasauce
200 ml Hühnerbrühe
1 Ente
1 kleine Dose Ananas
2 EL Vollkornmehl

Honig, Salz, Sojasauce und Hühnerbrühe mischen, die Ente darin 2 Stunden ziehen lassen. Ente in eine feuerfeste Form geben, etwas Marinade übergießen und im Backofen bei mittlerer Hitze 2 Stunden goldbraun braten. Sauce mit Ananassaft aufgießen und mit etwas Mehl binden. Ente mit Ananasstückchen garniert servieren. Sauce getrennt reichen.

Hirschfilet in Honig-Sahne-Sauce

1 Hirschfilet
Pfeffer
Salz
150 g fetter Speck
Essigwasser
Lorbeerblatt
Gewürzkörner
Nelken
Zwiebel
Salz
Olivenöl
⅛ l Sahne
1 EL Naturzucker
1 EL Butter
Schale von einer Zitrone
1 EL Honig

Filet häuten, mit Pfeffer und Salz bestreuen und dicht mit Speckstreifen spicken. Aus Essigwasser, Lorbeerblatt, Gewürzkörnern, Nelken, Zwiebel und 1 Prise Salz eine Beize herstellen, Filet darin einige Stunden beizen. Dann das Fleisch in etwas Olivenöl anbraten, mit einem Teil der Beize übergießen und garen. Filet herausnehmen. Sahne unterrühren, Zucker in Butter braunrösten, mit gehackter Zitronenschale, Honig und etwas Salz vermischen und in die Sauce geben, kurz aufwallen lassen, durch ein Sieb passieren und zu dem Filet servieren.

Wildente mit Orangen

2 bratfertige Wildenten (à 600 g)
Salz
2 Zwiebeln
2 Äpfel
2 EL Rosinen
2 EL Rum (54 %)
6 EL Öl
4 cl Sherry
Saft von 1 großen Orange
⅛ l Wasser
1 EL Speisestärke
Weißer Pfeffer
Salz
1 TL Orangengelee
1 EL Honig
2 Orangen
½ Kästchen Kresse

Wildenten gut abreiben und innen und außen mit Salz bestreichen. Zwiebeln und Äpfel schälen, Zwiebeln feinwürfeln, Äpfel entkernen und ebenfalls feinwürfeln. Rosinen auf einem Sieb waschen, abtropfen lassen, mit Apfel- und Zwiebelwürfeln mischen und den Rum überträufeln. Etwas ziehen lassen und die Enten damit füllen. Öffnungen mit Zahnstochern zustecken. Enten mit Öl bestreichen. Im Bräter auf der mittleren Schiene im vorgeheizten Ofen (200 Grad) 70 Minuten backen. Tranchieren und auf einer vorgewärmten Platte anrichten. Den Bratenfond mit Sherry, Orangensaft und Wasser lösen, durch ein Sieb streichen und wieder erhitzen. Speisestärke mit wenig Wasser verrühren, Sauce damit binden; mit Pfeffer, Salz und Orangengelee abschmecken, zuletzt den Honig unterrühren und nicht mehr kochen. Orangen schälen und in feine Scheiben schneiden. Ente mit Orangenscheiben und Kresse garniert servieren. Sauce getrennt reichen.

Wildschweinbraten

1 kg Wildschweinfleisch aus der Keule
½ l Buttermilch
6 Wacholderbeeren
1 Lorbeerblatt
2 Pfefferkörner
2 Pimentkörner
Saft von 1 Zitrone
⅜ l Rotwein
Weißer Pfeffer
Salz
40 g Schweineschmalz
¼ l heiße Fleischbrühe
20 g Butter
20 g Mehl
50 g ungesüßtes Hagebuttenmark
1 EL Zitronensaft
Weißer Pfeffer
Salz
1 kleiner Becher saure Sahne (100 g)
1 EL Honig
Petersilie zum Garnieren

Wildschweinfleisch unter kaltem Wasser waschen, abtrocknen und Sehnen und Fett abschneiden. Für die Beize Buttermilch mit zerdrückten Wacholderbeeren, Lorbeerblatt, Pfeffer- und Pimentkörnern, Zitronensaft und ⅛ l Rotwein mischen. Fleisch hineinlegen und zugedeckt 24 Stunden kühl stellen. Aus der Beize nehmen, mit Haushaltspapier abtrocknen und mit Pfeffer sowie Salz einreiben. Schmalz in einem Bräter erhitzen, dann das Fleisch darin 10 Minuten von allen Seiten braun anbraten. Mit Fleischbrühe sowie restlichem Rotwein begießen und zugedeckt bei schwacher Hitze 60 Minuten schmoren lassen. Fleisch warm stellen, Bratenfond durch ein Sieb streichen und ½ l aufbewahren. Butter erhitzen, Mehl darin unter Rühren in ca. 3 Minuten anbräunen und mit dem Bratenfond ablöschen. 5 Minuten unter Rühren kochen lassen. Mit Hagebuttenmark, Zitronensaft, Pfeffer und Salz abschmecken. Aufkochen lassen. Saure Sahne mit Honig mischen, unter die Sauce rühren und erhitzen, aber nicht mehr kochen. Fleisch in Scheiben schneiden und mit Petersilie garnieren. Die Sauce getrennt reichen.

Putenfleisch mit Erdnüssen und Sojasprossen

600 g entbeintes Putenfleisch
40 g Butter
250 g Champignons
1 Beutel frische Sojasprossen (oder 1 kleine Dose)
250 g Porree
4 bis 6 EL Sojasauce
Pfeffer
Salz
1 EL Honig
80 g Erdnüsse

Putenfleisch in Würfel schneiden und in Butter anbraten. Die gewaschenen und geputzten Champignons zugeben und mitschmoren lassen. Wenn das Fleisch gar ist, die gewaschenen Sojasprossen und den in feine Streifen geschnittenen Porree zugeben. Mit Sojasauce, Pfeffer sowie Salz abschmecken und den Honig unterheben. Mit Erdnußkernen bestreut servieren.

Rehrücken, kalt

1 Rehrücken (1,5 kg)
2 l Buttermilch
6 Wacholderbeeren
¼ Lorbeerblatt
6 Pfefferkörner
4 Gewürzkörner (Piment)
3 Scheiben Zitrone
200 g geräucherter Speck
4 EL Olivenöl
Weißer Pfeffer
Salz
20 g Butter
2 EL Honig
2 Scheiben Ananas aus der Dose
10 Maraschinokirschen
½ Bund Petersilie

Rehrücken abspülen, häuten und abtrocknen. Buttermilch in einer Schüssel leicht schlagen, damit sie glatt wird. Wacholderbeeren, Lorbeerblatt, Pfeffer- und Gewürzkörner untermischen, den Rehrücken in die Beize legen und Zitronenscheiben daraufgeben. Abdecken und 2 Tage im Kühlschrank ziehen lassen, gelegentlich wenden.
Den Rehrücken abtropfen lassen und abtrocknen. Speck in dünnen Scheiben um den Rehrücken wickeln und festbinden. Den Rehrücken im heißen Öl im Bräter 5 Minuten von allen Seiten anbraten, dann pfeffern und salzen. Butterflöckchen darauf verteilen. Im vorgeheizten Ofen bei 220 Grad auf mittlerer Schiene 40 Minuten backen, das Fleisch immer wieder mit dem Bratenfond begießen. Braten aus dem Ofen nehmen und die Filets vorsichtig vom Knochen trennen. In schräge Scheiben teilen und wieder auf den Knochen legen. Honig leicht erwärmen und über das Fleisch träufeln. Mit Ananasstückchen, halbierten Maraschinokirschen und Petersilie garniert servieren.

Puter mit süß-saurer Sauce

1 kg Putenfleisch von Brust und Keule
6 EL Öl
½ l heiße Fleischbrühe
2 große Zwiebeln
4 EL Weinessig
1 Msp. gemahlene Nelken
1 Prise Zimt
1 Prise Senfpulver
1 kräftige Prise Knoblauchsalz
Salz
Weißer Pfeffer
Cayennepfeffer
2 EL Honig
2 EL Paprikamark

Putenfleisch in erhitztem Öl bei starker Hitze 5 Minuten auf allen Seiten anbraten. Hitze verringern und Fleischbrühe zugießen. 30 Minuten abgedeckt bei geringer Hitze schmoren lassen. Fleisch von den Knochen lösen und zugedeckt warm stellen. Zwiebeln schälen und würfeln, in einem Topf mit Bratfond und Weinessig übergießen. Alle Gewürze, Honig und Paprikamark einrühren, einmal aufkochen lassen und Fleisch in die Sauce geben. Zugedeckt 15 Minuten ziehen lassen.

Honigente

1 mittelgroße Ente (ca. 2 kg)
2 EL Meersalz
1 Stück Ingwerwürze
2 Knoblauchzehen
2 Schalotten
2 EL Honig
1½ EL Sojasauce
abgeriebene Schale von
½ unbehandelten Orange
¼ TL gemahlener Zimt
8 EL Hühnerbrühe
3 EL Honig
1½ EL Sojasauce
1 EL Essig
etwas Pfeffer
1 Prise Meersalz

Ente waschen, trockentupfen und innen und außen mit Salz einreiben. Ingwer, Knoblauch und Schalotten schälen und feinhacken. Mit 2 EL Honig, Sojasauce, Orangenschale, Zimt und Brühe vermischen und bei mittlerer Hitze zum Kochen bringen. 3 Minuten abkühlen lassen. Die untere Öffnung der Ente fest verschließen. Die Ente in einen leicht gefetteten Bräter stellen, die heiße Flüssigkeit in die Halsöffnung gießen und auch diese gut verschließen. Im vorgeheizten Backofen bei 200 Grad ca. 20 Minuten braten. Etwa ½ l Wasser angießen und bei 150 Grad weitere 90 Minuten garen.
3 EL Honig mit Sojasauce, Essig, Pfeffer und Salz verrühren und die Ente während des Bratens mehrere Male damit bestreichen.
Die Ente aus dem Backofen nehmen, die Halsöffnung auftrennen und die Flüssigkeit aus der Ente in eine Schüssel laufen lassen. Dabei die Ente vorsichtig mit Gabeln halten. Sauce durchsieben und über die Ente gießen.

Wildpfeffer nach Imker Strock

100 g durchwachsener Speck
750 g mageres Wildgulasch
100 g Zwiebeln
½ l Rotwein
100 g Korinthen
5 Wacholderbeeren
Pfeffer
Salz
Basilikum
1 TL Johannisbeergelee
3 TL Honig
1 EL Madeira
1 EL Essig
2 EL geriebener Pfefferkuchen
(oder Schwarzbrot)

Den Speck feinwürfeln und in einem Topf auslassen. Fleisch in mundgerechte Stücke schneiden und im Speck von allen Seiten gut anbräunen. Die Zwiebeln feinwürfeln und mitschmoren lassen. Nach und nach Rotwein zugießen. Die Korinthen gut abwaschen, Wacholderbeeren zerdrücken und beides zugeben. Mit Pfeffer, Salz und Basilikum würzen. Johannisbeergelee mit Honig verrühren und dazugeben. Etwa 45 bis 50 Minuten leicht kochen lassen. Mit Madeira und Essig abschmecken, den geriebenen Pfefferkuchen oder geriebenes Schwarzbrot unterrühren, nochmals 10 Minuten durchkochen lassen. Nach Bedarf mit Pfeffer und Salz nachwürzen. Dazu passen Spätzle und ein kräftiger Rotwein.

Huhn mit Ananas

1½ kg Hühnerteile
Schwarzer Pfeffer
Salz
1 Zwiebel
3 EL Öl
100 g China- oder Weißkohl
2 Stangen Staudensellerie
100 g Cashewkerne
2 EL Sojasauce
1 TL Honig
250 g Ananasstücke

Hühnchenteile mit Pfeffer und Salz einreiben, Zwiebeln in dünne Ringe schneiden, ½ l kochendes Wasser darübergießen und zugedeckt etwa 1 Stunde bei schwacher Hitze kochen lassen, bis das Fleisch weich ist. Hühnchenteile herausnehmen und abtropfen lassen, etwa die Hälfte der Kochflüssigkeit wegstellen. Hühnchen abkühlen lassen, von Haut und Knochen lösen, Fleisch in Stücke schneiden. Öl in einer großen Pfanne erhitzen, in feine Streifen geschnittenen Kohl und Selleriewürfel sowie das Hühnerfleisch zugeben und 5 Minuten unter ständigem Rühren kräftig anbraten. Nüsse hacken, mit Sojasauce und Honig mischen und alles mit der Kochflüssigkeit unter Rühren zugeben. Alles gut erhitzen, aber nicht mehr kochen. Ananas zufügen, nochmals erhitzen und 3 Minuten sieden lassen. Mit Reis oder chinesischen Nudeln servieren.

Geflügelpastete »Straßburg«

200 g Kalbfleisch
300 g Hähnchenbrust
300 g Geflügelleber
400 g Kalbsleber
350 g fetter Speck
100 g durchwachsener Speck
200 g Äpfel (Boskop)
4 EL Honig
½ l Madeira
3 EL guter Weinbrand
75 g gehackte süße Mandeln
200 g gepökelte Rinderzunge
5 EL süße Sahne
Pfeffer
Salz
Majoran
450 g Speck
3 Lorbeerblätter
1 Prise gemahlener Zimt
1 Prise Curry

Fleisch, Leber und Speck dreimal nacheinander durch den Fleischwolf drehen und gut mischen. Äpfel reiben und dazugeben. Bienenhonig, Madeira, Weinbrand, die gehackten Mandeln und die feingewürfelte Zunge mit der Sahne vermischen. Dann mit Pfeffer, Salz und Majoran abschmecken und die Fleisch- und Zungenmasse gut miteinander verarbeiten. Eine Pastetenform mit großen dünnen Speckscheiben so auslegen, daß der Speck überlappt. Den Pastetenteig einfüllen und den Speck überklappen. Lorbeerblätter darauflegen, etwas Zimt und Curry überstreuen. Im Wasserbad im Backofen 110 bis 120 Minuten lang garen. Nach dem Erkalten die Pastete noch 24 Stunden im Kühlschrank ruhen lassen. Dazu schmeckt Preiselbeerkompott.

Rehmedaillons vom Grill mit Hagebuttensauce

8 Rehmedaillons (à 80 g)
8 Scheiben geräucherter fetter Speck
2 EL Essig
5 EL Wasser
⅛ l Rotwein
6 Pfefferkörner
4 Wacholderbeeren
1 Zwiebel
½ TL Thymian
3 EL Öl
Schwarzer Pfeffer
Salz

Für die Hagebuttensauce:
5 EL Hagebuttenmark
2 TL Honig
0,2 l Rotwein
1 Prise Zucker
1 Prise Salz
0,1 l Wasser

Rehmedaillons unter kaltem Wasser abspülen und abtrocknen. Medaillons mit Speckstreifen umwickeln und Speck feststecken oder -binden. Essig, Wasser und Rotwein mischen, Pfefferkörner und Wacholderbeeren zugeben, Zwiebeln feinwürfeln und untermischen, zuletzt noch etwas Thymian unterheben. Rehmedaillons in der Beize zugedeckt über Nacht im Kühlschrank ziehen lassen. 1 Stunde vor dem Grillen aus der Beize nehmen, abtropfen lassen und trockentupfen, dann mit Öl bestreichen. Medaillons im vorgeheizten Grill auf der untersten Schiene auf jeder Seite 5 Minuten grillen, dann mit frisch gemahlenem Pfeffer und Salz würzen. Für die Hagebuttensauce die restlichen Zutaten gut vermischen und getrennt servieren.

Wildkaninchen-Korma

1 Wildkaninchen (1500 g)
½ l Joghurt
Salz
2 EL Honig
2 EL Tomatenmark
3 EL Butter
2 große Zwiebeln
1 TL gemahlener Kreuzkümmel
½ TL Nelkenpulver
6 Nelken
1 Ingwerwurzel
1 EL gemahlener Koriander
½ TL gemahlene rote Pfefferschoten
6 geschälte Kardamomkapseln
1 Knoblauchzehe
1 Zimtstange (knapp 3 cm)
1 Prise Safran

Das Wildkaninchen in kleine Stücke schneiden. Aus Joghurt, Salz, Honig und Tomatenmark eine Marinade bereiten, das Kaninchenfleisch darin mindestens 1 Stunde stehen lassen. Butter in einem tiefen Topf zerlassen, Zwiebeln feinhacken, in der Butter goldbraun braten, dann das Kaninchenfleisch mit Marinade, Kreuzkümmel, Nelkenpulver, Nelken, Ingwerwurzel, Koriander, Pfefferschoten, Kardamomkapseln, der ganzen Knoblauchzehe und der Zimtstange zugeben, 2 Tassen heißes Wasser übergießen und bei mittlerer Hitze 40 Minuten garen, bis das Fleisch zart ist. Kurz vor dem Servieren den in 1 EL heißem Wasser aufgelösten Safran unterrühren. Nelken, Kardamomkapseln, Knoblauchzehe und Zimtstange herausnehmen.

Mexikanisches Huhn

1 Suppenhuhn
½ l Wasser
½ l Apfelessig
½ l saurer Johannisbeermost
Schale von 1 Zitrone
1 TL feingewürfelte Zwiebeln
etwas Lauch
15 Gewürznelken
15 Pfefferkörner
5 Pimentkörner
10 Wacholderbeeren
2 Lorbeerblätter
1 Stengel Rosmarin
1 Stengel Thymian
2 EL Honig
1 Dose Weinblätter
5 Wacholderbeeren
50 g Butter
⅛ l Sahne
2 EL Vollkornmehl

Suppenhuhn ausnehmen, waschen. Wasser mit Essig, Johannisbeermost, Zitronenschale, Zwiebeln, Lauch, Gewürznelken, Pfeffer- und Pimentkörnern, Wacholderbeeren, Lorbeerblättern, Rosmarin und Thymian mischen und aufkochen. Suppenhuhn mit der kochenden Brühe übergießen. Abkühlen lassen. Nach dem Abkühlen Honig in die Beize geben. Das Huhn darin 5 Tage lang völlig bedeckt liegen lassen. Herausnehmen, mit Weinblättern sowie Wacholderbeeren füllen und in Butter rundum anbraten. Den Fond mit Beize auffüllen und das Huhn darin gar dünsten. Die Sauce mit in Sahne aufgerührtem Vollkornmehl andicken und zum Huhn servieren.

Hirschsteak mit Honigsauce

4 Hirschsteaks (à 150 g)
3 EL Öl
Wildgewürz
6 schwarze Pfefferkörner
Salz

Für die Sauce:
4 EL Honig
2 EL Tomatenmark
⅛ l Fleischbrühe
abgeriebene Schale von 1 Orange
1 TL Meerrettich
Paprika (edelsüß)
Weißer Pfeffer
Salz

Hirschsteaks in Öl gut anbraten, mit Wildgewürz, den zerstoßenen schwarzen Pfefferkörnern sowie Salz würzen und garen.
Für die Sauce Honig, Tomatenmark und Fleischbrühe erhitzen, die abgeriebene Orangenschale zugeben und 10 Minuten unter ständigem Rühren kochen lassen. Dann mit Meerrettich, Paprika, Pfeffer und Salz abschmecken.

Chinesisches Huhn mit Erdnußkernen

500 g frische Hühnerbrust
Pfeffer
1 Prise Salz
40 g Butter
3 dicke Stangen Porree
4 EL Sojasauce
1 Tasse Fleischbrühe
2 EL Honig
125 g Erdnußkerne

Das Hühnerfleisch vom Knochen lösen und die Haut entfernen. Fleisch in mundgerechte Stücke schneiden, pfeffern und salzen. In heißer Butter leicht anbraten. Den feingeschnittenen Porree zugeben, mit 3 EL Sojasauce auffüllen, nach und nach Brühe zugießen und bei geschlossenem Deckel ca. 30 Minuten schmoren lassen. Mit 1 EL Sojasauce und evtl. etwas Pfeffer nachwürzen, dann den Honig unterrühren. Erdnußkerne überstreuen und mit trockenem Reis servieren.

Gegrillte Wachteln mit Honig-Nelken-Glasur

1 bis 2 Wachteln pro Person
Pfeffer
Salz
Öl

Für die Glasur:
¼ Tasse Honig
2 EL Zitronensaft
⅛ TL gemahlene Nelken
1 TL Sojasauce

Die vorbereiteten Wachteln innen mit Pfeffer und Salz würzen und außen mit Öl bestreichen. Auf Spieße stecken und über Holzkohle oder im Küchengrill drehend garen. Das dauert etwa 40 Minuten. Während der letzten 10 Minuten mit der im Shaker zusammengeschüttelten Marinade aus Honig, Zitronensaft, Nelken und Sojasauce bestreichen.

Getränke

Getränke (ohne Alkohol)

Honig-Ei-Shake

1 Glas Milch
1 Eigelb
1 EL Honig

Milch mit Eigelb verquirlen und Honig unterrühren. Kalt oder warm servieren.

Honiggetränk »Lukullus«

250 g Speisequark
4 EL Honig
¼ l Milch
⅛ l Fruchtsaft
1 Prise Ingwerpulver
1 Prise Kakao

Speisequark mit Honig, Milch und Fruchtsaft verquirlen. Mit etwas Ingwerpulver und Kakao überpudern. Kalt servieren.

Honiglimonade

500 g Honig
100 ml Zitronensaft
0,2 l Mineral- oder Brunnenwasser pro Glas

Den Honig mit frisch gepreßtem Zitronensaft vermischen. Je 30 bis 40 g dieser Mischung in ein großes Glas geben und mit Mineralwasser oder reinem Brunnenwasser aufgießen und gut vermischen.
Honiglimonade ist an heißen Tagen sehr erfrischend, aber auch als Schlaftrunk beliebt und bekömmlich.

Honigtrank »Manhattan«

1 Tasse Milch
4 EL Tomatensaft
2 TL Honig
1 TL Zitronensaft

Alles gut vermischen und eiskalt servieren.

Milch-Honig-Mix

½ l Milch
3 TL Honig
Himbeersaft
Mineralwasser

Milch mit Honig im Mixer schaumig schlagen, einen Schuß Himbeersaft zugeben und unterrühren. Gläser zur Hälfte damit füllen und mit Mineralwasser auffüllen.

Fruchtcocktail

2 Bananen
8 große Erdbeeren
0,3 l Orangensaft
0,3 l Ananassaft
1 TL Honig

Bananen schälen und in grobe Stücke schneiden. Erdbeeren putzen und waschen. Früchte, Orangen- sowie Ananassaft und Honig im Mixer pürieren. Bis zum Servieren kühl stellen. In 4 Gläser füllen und nach Belieben mit Erdbeeren, Orangen- oder Bananenscheiben garniert servieren.

Nuß-Honig-Milch

10 Haselnüsse
3 EL Honig
Saft von ½ Zitrone
150 ml Buttermilch

Haselnüsse feinreiben, mit Honig, Zitronensaft und Buttermilch schaumig schlagen und kalt servieren.

Milch-Honig-Mix

½ l Milch
2 EL Honig
⅛ l Schlagsahne
125 g frische oder tiefgekühlte Himbeeren
Zitronenschale

Eiskalte Milch mit Honig, Schlagsahne und der Hälfte der Himbeeren im Mixer schaumig aufschlagen. In Gläser füllen, die restlichen Himbeeren verteilen. Mit etwas frisch geriebener Zitronenschale bestreut eiskalt servieren.

Sanddornmilch mit Honig

⅛ l Milch
1 EL Sanddorn-Vollfrucht
1 EL Honig
1 Prise Zimt
1 Prise gemahlene Nelken

Alle Zutaten gut miteinander vermischen und kalt oder warm servieren.

Orangen-Honig-Mix

4 große Orangen
2 EL Honig
Eiswürfel
Zitronenmelisse

Orangen auspressen und Orangensaft mit Honig verrühren. Gestoßenes Eis in Gläser geben, Orangenhonig darübergießen und mit gehackter Zitronenmelisse bestreut servieren.

Honig-Orangen-Cocktail

3 EL Honig
¼ l Orangensaft
1 Prise Meersalz
Eiswürfel

Honig mit frisch gepreßtem Orangensaft und 1 Prise Salz vermischen und auf gestoßenem Eis in Cocktailgläsern servieren.

Chinatown-Juice

Saft von 1 Zitrone
1 Tasse Wasser
3 EL Honig

Zitronensaft mit dem eiskalten Wasser und dem Honig gut mischen und eiskalt servieren.

Hibiskustee

Hibiskustee auf Vorrat machen, abkühlen lassen und mit Bienenhonig und Zitronensaft abschmecken. Im Kühlschrank aufbewahrt und eiskalt getrunken ist dieser Tee ein vorzüglicher Durstlöscher, der nicht nur wegen der schönen roten Farbe bei Kindern sehr beliebt ist.

Honigtee »Ceylon«

5 TL Ceylontee
1 TL Gewürznelken
1,5 l Wasser
½ Tasse Honig
5 EL Orangensaft
3 EL Zitronensaft

Ceylontee und Gewürznelken mischen, mit 1 l kochendem Wasser übergießen. 5 Minuten ziehen lassen. Abseihen und Honig unterrühren. Orangen- und Zitronensaft untermischen und nochmals ½ Liter kochendes Wasser übergießen.

Honigkaffee

1 Glas Vollmilch
1 TL Instantkaffee
1 EL Honig

Milch erhitzen, Instantkaffee und Honig unterrühren. (Man kann auch kalte Milch nehmen.)

Getränke (mit Alkohol)

Hamburger Honigbier

2 Flaschen dunkles Bier
7 Gewürznelken
1 Zimtstange
1 Vanilleschote
1 Ei
5 EL Sahne
2 EL Weizenmehl
1 Prise Salz
2 EL Honig

Bier mit Nelken, Zimtstange und Vanilleschote zum Kochen bringen. Das Ei mit Sahne, Weizenmehl und etwas Salz verquirlen. Honig mit etwas heißem Bier verrühren, alles zum Bier geben, gut durchrühren und vom Feuer nehmen. Honigbier schmeckt warm oder kalt.

Apfel-Honig-Bowle

6 Äpfel (Gravensteiner)
100 g Honig
0,1 l weißer Rum
0,7 l Moselwein
0,7 l Pfälzer Wein
1 Flasche Sekt

Die Äpfel schälen, das Kerngehäuse ausstechen und die Äpfel in Scheiben schneiden. Mit dem Honig vermischt 24 Stunden zugedeckt kühl stellen. Dann den Rum übergießen und 1 Stunde ziehen lassen. Vor dem Servieren den eisgekühlten Wein und den Sekt zugießen.

Erdbeerbowle mit Honigeiswürfeln

12 schöne Früchte (z. B. Johannisbeeren, Erdbeeren, Kirschen)
6 EL Gebirgsblütenhonig
¼ l Wasser
Saft von ½ Zitrone
500 g Erdbeeren
2 Flaschen Weißwein
1 bis 2 Flaschen Sekt

Für die Honigeiswürfel die Früchte putzen, waschen und in die einzelnen Fächer des Eiswürfelbehälters geben. Honig, Wasser und Zitronensaft gut verrühren und darübergießen. Im Gefrierfach oder Tiefkühlschrank gefrieren lassen.
Für die Bowle Erdbeeren putzen, waschen und evtl. in Stücke schneiden. In einem Bowlegefäß mit ¼ l Wein übergossen zugedeckt im Kühlschrank 1 bis 2 Stunden ziehen lassen. Dann mit dem restlichen gekühlten Wein und Sekt auffüllen und servieren.
Die Honig-Eiswürfel zum individuellen Süßen getrennt reichen oder in das Bowlegefäß geben.

Cognacmilch »Fiaker«

¼ l Milch
1 Stück Zitronenschale
2 Eigelb
2 EL Honig
3 EL Cognac

Milch mit Zitronenschale kurz aufkochen lassen, dann durch ein Sieb gießen. Eigelb mit Honig verquirlen, vorsichtig unter die warme Milch rühren, Cognac dazugeben und warm servieren.

Eier-Honig-Grog

1 bis 2 Eigelb
1 EL Honig
2 cl Rum (54 %) oder Arrak

Eigelb mit Honig und Rum verrühren, mit heißem Wasser auffüllen. Nach Wunsch steifgeschlagenen Eischnee unter das heiße Getränk rühren.

Eisblume

3 Teile Weinbrand
3 Teile Sahne
2 Teile Honig
2 Eiswürfel
geriebene Schokolade

Weinbrand, Sahne, Honig und Eiswürfel im Shaker kräftig schütteln, bis der Honig völlig gelöst ist. Im Cocktailglas mit geriebener Schokolade bestreut servieren.

Frühlingsrauschen

⅛ l Milch
1 EL Honig
1 Glas Honiglikör

Honig in die Milch geben, mit Honiglikör auffüllen und gut durchrühren.

Honigcocktail »Exclusiv«

1 EL Honig
Saft von 3 Orangen
2 cl Benediktiner oder Grand Marnier
zerkleinerte Eiswürfel

Honig mit Orangensaft gut mischen, Benediktiner oder Grand Marnier unterrühren und auf Eisstückchen servieren.

Honigpunsch

1 l Wasser
250 g Honig
1 Prise Zimt
5 Nelken
2 EL abgeriebene Orangen- oder Zitronenschale
Saft von 1 Orange oder 1 Zitrone
¼ l Arrak

Wasser mit Honig, Zimt, Nelken und Orangen- oder Zitronenschale gut durchkochen. Saft zugeben und alles durch ein Leinentuch in eine Punschterrine seihen. Arrak zugießen. Dieser Punsch schmeckt heiß und kalt. In gut verschließbaren Flaschen hält er sich außerdem einige Wochen lang frisch.

Honig-Tee-Punsch

5 TL Teeblätter einer kräftigen Sorte
100 g Honig
2 Stangen Zimt
2 Gewürznelken
⅛ l Orangensaft
⅛ l Zitronensaft
⅛ l Jamaica-Rum

Tee mit 1 Liter kochendem Wasser überbrühen. 5 Minuten ziehen lassen, dann abgießen. Mit Honig, Zimt und Nelken wieder zum Kochen bringen, einige Minuten leicht kochen lassen.

Orangen- und Zitronensaft zugießen, dann wieder heiß werden lassen. Durch ein Sieb in ein Punschgefäß gießen, mit dem angewärmten Rum vermischen und auf einem Stövchen warm halten.

Ostfriesischer Teepunsch

¼ l starker chinesischer Tee
Brauner Kandiszucker
1 EL Honig
2 cl Kümmelschnaps

Den heißen Tee mit den restlichen Zutaten mischen. Heiß trinken.

Rotweinpunsch

1 Flasche Rotwein mit etwas Zitronen- und Orangensaft, 2 Nelken und 1 Stück Zimt erhitzen, 1 TL Honig in jedes Glas geben und mit dem heißen Rotwein auffüllen. Umrühren und heiß servieren.

Silverman's Drink

150 g Honig
150 ml Sauerkirschsaft
500 ml Weinbrand

Honig mit Sauerkirschsaft mischen und Weinbrand zufügen. In Gläsern mit Zuckerrand servieren.

Sternenschimmer

1 Glas Grapefruitsaft mit 1 TL Honig, 2 cl Cognac und einigen Stückchen Eis im Mixer gut durchschütteln. Mit Strohhalm servieren.

Liköre und Weine

Honiglikör

500 g Honig
½ l Alkohol (96 %)
½ l Wasser

Honig in Alkohol auflösen, dabei kräftig rühren. Erst wenn die Honig-Alkohol-Mischung völlig klar ist, ½ l abgekochtes Wasser zugeben. Nicht den Honig erst in Wasser lösen, weil sonst die feineren Öle nicht richtig zur Geltung kommen. Ist die Lösung dann noch trüb, durch dickes Filtrierpapier geben. In Flaschen füllen, gut verkorken und kühl aufbewahren. Der fertige Likör enthält 34 % Alkohol.

Ostpreußischer Bärenfang

1 l Weingeist
½ l Weinbrand
2 kg Honig
Bergamott- oder Muskatessenz

Weingeist, Weinbrand und Honig mischen, auf ca. 40 Grad erhitzen, etwas abkühlen lassen und unter Rühren Bergamott- oder Muskatessenz tropfenweise zufügen. Mehrere Tage ruhig lagern. In Flaschen füllen und Bodensatz zurücklassen.

Honigsekt

1 l neuer Wein
150 g Honig
2 cl Likör

Wein mit Honig und einem guten Likör mischen, 4 Tage an einem kühlen Ort ziehen lassen. Danach in Flaschen füllen. Stopfen mit Draht umschnüren und die Flaschen senkrecht 4 Wochen gären lassen.

Honigperle

10 l Wasser
2 kg Honig
Zimt
Ingwer
1 TL Hefe

Wasser mit Honig, Zimt und Ingwer aufkochen, dann abkühlen lassen. In das abgekühlte Honigwasser Hefe rühren und bei 15 Grad 3 Tage gären lassen. Die Flüssigkeit in starke Flaschen filtern, verkorken und den Korken mit Draht befestigen. Flaschen kühl legen. Durch die unterbrochene Gärung entwickelt sich sehr viel Kohlensäure, schwache Flaschen würden leicht gesprengt werden. Honigperle sollte mindestens 4 bis 6 Wochen liegen – Vorsicht beim Öffnen: Das Getränk schäumt wie Champagner!

Honigwein (Met)

10 l Wasser
3 kg Honig
1 haselnußgroßes Stück Rheinweinhefe
1 Muskatnuß
1 Zimtstange oder 1 Ingwerwurzel

Wasser mit Honig aufkochen und abschäumen. Auf 12 bis 18 Grad abkühlen lassen, in ein kleines Faß füllen. Etwas Honigwasser entnehmen, die Rheinweinhefe darin verrühren und in das Faß gießen. Gewürze in einem kleinen Säckchen in das Faß hängen und Faß mit einem Gärspund verschließen. Nach 4 bis 6 Wochen, nach der Gärung, die Gewürze entnehmen. Es dauert weitere 4 bis 5 Monate, bis der Wein vollständig klar ist. Dann erst sorgfältig abziehen und in Flaschen füllen.

Kräftiger Gewürzmet

10 l Wasser
4 kg Bienenhonig
50 g Bäckerhefe
1 g Weinstein
1 g Zitronensäure
1 Stange Zimt
1 Prise geriebene Muskatnuß
1 kleine Ingwerwurzel
5 zerstoßene Nelken
etwas getrocknete Zitronenmelisse

Wasser mit Honig mischen und ca. 2 Stunden unter ständigem Rühren kochen lassen, dann den Schaum abnehmen. Bäckerhefe in wenig warmem Wasser auflösen und unterrühren. Gewürze in einen kleinen Leinenbeutel nähen. Die Haniglösung in ein abdeckbares Steingutgefäß füllen, den Gewürzbeutel hineinhängen und etwa 2 Monate ziehen lassen, möglichst bei konstanter Temperatur von 20 bis 25 Grad. Dann in Flaschen oder in ein bauchiges Glasgefäß umfüllen. Nach 6 Monaten nochmals abziehen und in Flaschen füllen. Gut mit Korken verschließen.

Honig-Hopfen-Wein

500 g Honig
4 l Wasser
50 g Bierhefe
15 g Hopfendolden

Bienenhonig in Wasser auflösen und unter Rühren aufkochen lassen. Abschäumen und noch drei- bis viermal aufkochen lassen. In einen sauberen Gärballon füllen. Bierhefe mit etwas warmem Wasser auflösen und zufügen. Hopfendolden in ein Leinensäckchen nähen, hineinhängen und mit einem Gärspund verschließen. Nach etwa 2 Monaten den Honig-Hopfen-Wein in Flaschen füllen und gut verkorken.

Süßes

Süßspeisen und Konfekt

Gebratene Ananas

1 Ananas (ca. 1 kg)
4 EL Honig

Die Ananas der Länge nach halbieren und den Strunk keilförmig herausschneiden. Beide Hälften rautenförmig einschneiden und mit dem Honig bestreichen. Bei etwa 200 Grad im Backofen etwa 10 Minuten backen. Jede Hälfte dann in 4 Teile schneiden und noch warm servieren. Evtl. mit Schlagsahne garnieren.

Apfelküchlein mit Honig

4 säuerliche Äpfel
200 g Vollwertmehl
1 Tasse Milch
3 Eier
Fett zum Ausbacken
2 Tassen Honig

Die Äpfel schälen, Kerngehäuse ausstechen und die Äpfel in 2 cm dicke Scheiben schneiden. Mehl, Milch und Eier zu einem Eierkuchenteig verschlagen. Die Apfelringe in den Teig tauchen und schwimmend in heißem Fett ausbacken. Honig im Wasserbad leicht erwärmen und über die Apfelküchlein gießen.

Honig-Apfel-Auflauf

3 Eier
100 g Honig
50 g Butter
125 g Speisequark
50 g Grieß
1 TL Backpulver
250 g säuerliche Äpfel

Eier trennen, Eigelb mit Honig und Butter verrühren. Nun den Quark untermischen und das mit Grieß vermischte Backpulver unterziehen. Zum Schluß den steifgeschlagenen Eischnee lose unterheben. Äpfel schälen, vierteln und in feine Scheibchen schneiden. Eine feuerfeste Form lagenweise mit Grießmasse und Äpfeln füllen, dann im Backofen bei Mittelhitze etwa 45 Minuten backen (als Hauptgericht die Menge verdoppeln).

Bratäpfel mit Hagebuttenfüllung

4 mittelgroße Äpfel
2 EL Hagebuttenmus
2 EL Magerquark
1 Eigelb
1 Prise Zimt
1 EL Honig
Saft von ½ Zitrone
1 EL gehackte Mandeln

Die gewaschenen Äpfel abtrocknen und das Kerngehäuse mit einem Ausstecher entfernen. Hagebuttenmus, Magerquark, Eigelb, Zimt, Honig, Zitronensaft und Mandeln miteinander verrühren und die Äpfel damit füllen. Im vorgeheizten Backofen bei 220 Grad 20 bis 30 Minuten braten. Dazu schmeckt eine Vanillesauce.

Bratäpfel mit Honig

4 säuerliche Äpfel
2 EL Honig
2 EL gehackte Mandeln
3 EL Korinthen
2 EL Butterflöckchen

Äpfel waschen, abtrocknen und das Kerngehäuse ausstechen. Auf eine feuerfeste Platte setzen. Honig mit Mandeln und Korinthen vermischen und in die Apfelmitte füllen. Auf jeden Apfel ein Butterflöckchen legen und die Äpfel im Backofen braten. Mit flüssiger Sahne oder einer Vanillesauce anrichten.

Aprikosenkaltschale

125 g frische Aprikosen
10 g Zucker
2 EL Honig
⅛ l Traubensaft
1 Tasse Wasser
Makronen

Aprikosen in Scheiben schneiden und mit etwas Zucker bestreuen. Honig mit Traubensaft und Wasser verrühren und über die Aprikosen gießen. 1 Stunde zugedeckt ziehen lassen. Mit Makronen servieren.

Avocados mit Früchten

1 Avocado
4 TL Honig
etwas Vanillemark
4 EL steifgeschlagene Sahne
frische Kirschen oder Erdbeeren

Avocado halbieren und den Kern entnehmen. Das Fruchtfleisch mit einem Löffel auslösen und durch ein Sieb streichen. Mit Honig sowie Vanillemark mischen und Schlagsahne unterziehen. Die Creme mit einer Spritztüte in die Schalen zurückgeben. Kühl stellen. Vor dem Servieren mit frischen Früchten verzieren.

Orangenbananen

4 mittelgroße Bananen
Butter
2 EL frisch gepreßter Orangensaft
½ TL geriebene Orangenschale
2 EL Honig

Bananen schälen und einmal der Länge nach durchschneiden. In eine gebutterte Pfanne legen. Orangensaft, -schale sowie Honig vermischen und darübergeben. 10 Minuten bei mittlerer Hitze im Backofen braten.

Verlorene Vanillebananen

2 große Bananen
Honig
Zitronensaft
1 Vanilleschote
3 Eier
50 g Zucker
2 cl Maraschino oder Curaçao
Kokosflocken

Bananen schälen, einmal längs durchschneiden und auf eine feuerfeste Schale legen. Bananen mit Honig und Zitronensaft beträufeln. Vanilleschote auskratzen und das Mark über die Bananen verteilen. Eier trennen, Eiweiß zu festem Schnee schlagen, Eigelb mit Zucker und Maraschino oder Curaçao glattrühren und unter das Eiweiß heben. Mischung über die Bananen geben. Im Backofen bei 175 Grad etwa 10 Minuten hellbraun backen. Mit Kokosflocken bestreuen und noch heiß servieren.

Honigerdbeeren in Champagnergelee

4 Blatt rote Gelatine
½ l Sekt oder Champagner
250 g Erdbeeren
4 EL Honig
⅛ l Schlagsahne

Gelatine in Wasser einweichen und heiß auflösen. Etwas Sekt oder Champagner zufügen und gut verrühren. Den restlichen Sekt oder Champagner in eine Schüssel geben und mit der abgekühlten Gelatine verrühren. Bis zum leichten Gelieren in den Kühlschrank stellen. 200 g von den Erdbeeren würfeln, mit Honig beträufeln und unter die fast gelierte Masse heben. In Sektkelche füllen, im Kühlschrank nachgelieren lassen und mit aufgespritzter Schlagsahne sowie restlichen Erdbeeren garnieren.

Honigsahne mit Früchten

¼ l Schlagsahne
2 EL Honig
3 EL Zitronensaft
Kirschen, Erdbeeren und/oder Himbeeren

Sahne mit Honig steifschlagen und Zitronensaft unterheben. Gezuckerte Früchte und Sahne abwechselnd in eine Schale geben, dann mit Sahne und Früchten verzieren.

Honig-Johannisbeer-Kaltschale

300 g rote Johannisbeeren
1 Tasse Johannisbeersaft
2 EL Bienenhonig
Zwiebäcke oder kleine Biskuits

Die Johannisbeeren mit der Gabel von den Stielen streifen. Johannisbeersaft erhitzen, Beeren zugeben, etwas abkühlen lassen, dann den Honig untermischen und kalt stellen. Mit Zwiebäcken oder kleinen Biskuits belegt servieren.

Honig-Cognac-Kirschen

1 kg Sauerkirschen
1200 g Honig
1 ½ l Cognac

Die Kirschen entsteinen und in sterilisierte Gläser füllen. Honig erwärmen (nicht über 40 Grad) und mit dem Cognac vermischen. Die Flüssigkeit über die Kirschen gießen. Gläser gut verschließen und einige Zeit ziehen lassen. Honig-Cognac-Kirschen schmekken zu Vanilleeis oder einfach zum Tee, die Flüssigkeit kann man auch mit Sekt aufgießen.

Türkischer Cremepfirsich

4 frische Pfirsiche
etwas Kirschwasser
3 Eigelb
5 EL Honig
3 Eiweiß
½ l Milch
Mandeln, Pistazien und/oder Kirschen zum Garnieren

Pfirsiche kurz überbrühen, Schale abziehen und die Früchte halbieren. Je ½ Pfirsich in Sektschalen geben und mit einigen Tropfen Kirschwasser begießen. Eigelb mit Honig glattrühren, Eiweiß steifschlagen und untermischen. Milch erhitzen, schnell unter die Eigelbmasse rühren und im Wasserbad weiterrühren, bis die Creme dick wird. Nicht kochen lassen! Die erkaltete Creme über die Pfirsiche geben, mit Mandeln, Pistazien und/oder Kirschen verziert servieren.

Quark-Pfirsich-Creme

250 g Quark
150 ml Weißwein
5 EL Schlagsahne
abgeriebene Schale von ½ Zitrone
3 EL Honig
500 g Pfirsiche
etwas Honig zum Beträufeln
Kirschen oder Erdbeeren
Pistazien

Quark mit Weißwein, Sahne, Zitronenschale und Honig gut vermischen. Schichtweise mit abgezogenen, geviertelten Pfirsichen, die mit etwas Honig beträufelt wurden, in kleine Schälchen oder eine Glasschüssel füllen. Mit Pfirsichstücken und Kirschen oder Erdbeeren verzieren, einige Pistazienkerne überstreuen.

Fruchtsalat mit Honig

Fruchtsalat ist ein stets delikates – und auch bei Obst- und Gesundheitsmuffeln beliebtes – Thema mit vielen Variationen. Der Phantasie sind keine Grenzen gesetzt. Besonders fein wird er mit etwas Alkohol, übergestreuten Nüssen und einer köstlichen Sauce.

Salat I	Orangen, Bananen, Kiwi, Himbeeren Kokosflocken zum Überstreuen
Salat II	Pfirsiche, Pflaumen, Birnen, Sauerkirschen Gehackte Haselnüsse zum Überstreuen
Salat III	Äpfel, Aprikosen, Bananen, Rosinen Gehackte Walnüsse zum Überstreuen
Salat IV	Äpfel, Birnen, grüne und blaue Trauben, Pfirsiche Geröstete Mandelblättchen zum Überstreuen
Salat V	Pampelmusen, Apfelsinen, Bananen, Melone Gehackte ungesalzene Erdnüsse zum Überstreuen
Salat VI	Erdbeeren, Himbeeren, Kirschen, Bananen Gehackte Mandeln zum Überstreuen

Rahmsauce

⅛ l Crème fraîche
Saft von ½ Zitrone
3 EL Honig

Alles vorsichtig zusammenrühren. Die Sauce paßt besonders zu Salat II oder III.

Honigsauce »Rio de Janeiro«

2 Eier
¼ Tasse Honig
3 EL Zitronensaft
1 Prise Salz
½ Tasse Schlagsahne

Eier, Bienenhonig, Zitronensaft und Salz im heißen Wasserbad unter ständigem Rühren erwärmen. Steifgeschlagene Sahne unterheben und weiter unter ständigem Rühren noch etwas eindicken lassen. Dazu einen beliebigen Fruchtsalat reichen, speziell den Salat II oder VI.

Orangensauce

Saft von 1 Orange
etwas abgeriebene Orangenschale
4 EL Bienenhonig
2 cl Weinbrand

Alles gut verrühren. Die Sauce paßt zu allen Fruchtsalaten, besonders zu Salat V oder I.

Joghurtsauce

6 EL Honig
2 Becher Joghurt
1 EL gemahlener Zimt
etwas Zitronensaft
etwas abgeriebene Zitronenschale

Alle Zutaten mit dem Handrührgerät 1 Minute quirlen. Vor Gebrauch mindestens 30 Minuten kühl stellen. Die Sauce paßt zu den Salaten II, III und IV.

Rum-Eier-Sauce

3 Eigelb
1 Eiweiß
60 g Honig
3 EL Rum

Eigelb und Eiweiß mit dem Handrührgerät dickschaumig schlagen. Nach und nach den Honig einrühren, zuletzt den Rum unterziehen. Die Sauce getrennt zu beliebigen Fruchtsalaten reichen, besonders zu Salat IV oder VI.

Honigschaum

3 Eiweiß
2 EL Zitronensaft
1 Prise Salz
3 EL Honig

Eiweiß schaumig schlagen, Zitronensaft und Salz untermischen und weiterschlagen, bis das Eiweiß sehr steif ist. Nach und nach Honig einträufeln lassen und nochmals ordentlich schlagen. Zu jedem Salat.

Buttermilchkaltschale

1 l Buttermilch
Saft und Schale von ½ Zitrone
5 Scheiben Pumpernickel
70 g Rosinen
4 EL Honig
1 Vanillestange

Die kalte Buttermilch mit Saft und abgeriebener Schale der halben Zitrone, dem geriebenen Pumpernickel, Rosinen, Honig und Vanillemark gut mischen und eiskalt servieren.

Bienencrêpes

250 g Vollwertmehl
2 Päckchen Naturvanillezucker
1 Msp. Salz
4 Eier
½ l Milch
200 g Honig
150 g gehackte Haselnüsse
60 g gemahlene Mandeln
3 EL Rum
50 bis 75 g Butter

Das Mehl mit Vanillezucker, Salz, Eiern und Milch verrühren. Einige Zeit zum Quellen stehen lassen. Honig leicht erwärmen, Nüsse, Mandeln und Rum unterrühren. In Butter nacheinander acht Crêpes backen, dabei nur sehr wenig Teig verwenden, damit die Crêpes schön dünn werden. Noch heiß mit der Honig-Nuß-Masse bestreichen und zu einem Dreieck zusammenfalten.

Eierkuchenturm mit Honig

250 g Vollwertmehl
4 Eier
1 Prise Salz
30 g Honig
½ l Milch
Butterschmalz zum Backen
125 g Honig
Saft von 1 Zitrone
⅛ l Orangensaft

Mehl mit Eiern, Salz, Honig und Milch zu einem glatten Teig verarbeiten. Dann aus dem Teig in wenig heißem Butterschmalz Eierkuchen backen. Honig mit Zitronen- und Orangensaft vermischen. Auf jeden Eierkuchen 1 bis 2 EL dieser Sauce geben und aufeinanderschichten. Mit frischen Himbeeren oder anderen Beerenfrüchten servieren.

Honigfrüchte

2 Eier
150 g Vollwertmehl
50 g Honig
1 Tasse Milch
Früchte nach Belieben (Ananas, Bananen, Kiwi, Birnen, Pflaumen, Äpfel etc.)
Öl oder Kokosfett zum Ausbacken
Honig
geröstete Mandelbättchen

Aus Eiern, Mehl, 50 g Honig und Milch einen Eierkuchenteig herstellen. Früchte in mundgerechte Stücke schneiden, durch den Teig ziehen und im erhitzten Fett ausbacken. Honig im Wasserbad leicht erwärmen, über die Früchte träufeln und mit gerösteten Mandelblättchen bestreuen.

Götterspeise

200 g frischer Quark
Milch
½ Vanilleschote
1 Eigelb
3 EL Honig

Quark durch ein Sieb streichen und mit etwas Milch glattrühren. Mark der Vanilleschote auskratzen. Vanillemark, Eigelb und Honig gut mit dem Quark vermischen. Steifgeschlagene Sahne unterziehen. Pumpernikkel mit Kokosraspeln und geriebener Scho-

⅛ l Sahne
100 g geriebener Pumpernickel
60 g Kokosraspel
60 g geriebene Schokolade
4 cl Rum (54 %) oder Arrak
400 g Sauerkirschen

kolade mischen, Rum oder Arrak darüberträufeln. Quarkmasse, Pumpernickel und entsteinte Kirschen abwechselnd in eine Schale schichten und mit Kirschen verziert servieren.

Honigeierkuchen

4 Eier
350 g Weizenvollwertmehl
3 EL Zucker
1 Schuß Weinbrand
¼ l Milch
Fett zum Backen
3 EL Quark
2 EL Honig
150 ml Schlagsahne
1 TL Vanillezucker
50 g gequollene Rosinen
50 g geriebene süße Mandeln
1 TL Kakaopulver
1 TL Pulverkaffee
Aprikosenmarmelade

Eier mit Mehl, Zucker, Weinbrand und Milch zu einem dünnen Teig verarbeiten. In heißem Fett dünne Eierkuchen backen. Die übrigen Zutaten, außer der Aprikosenmarmelade, gut verrühren. Masse auf die Eierkuchen streichen, Kuchen aufrollen und mit Aprikosenmarmelade bestreichen.

Honiggefrorenes »Tutti Frutti«

¼ l Schlagsahne
200 g Honig
1 Handvoll Datteln
1 Handvoll Feigen
1 Handvoll kandierte Kirschen
1 Handvoll Pistazien

Sahne steifschlagen, Honig unterziehen. Früchte sowie Nüsse feinhacken und untermischen. In Dessertformen oder einer Eisschale gefrieren lassen.

Stockholmer Krokantspeise

4 EL Honig
25 g geriebene Schokolade
1 TL Kakao
1 EL Butter
250 g geriebene Mandeln
½ l Schlagsahne

3 EL Honig mit Schokolade und Kakao vermischen. Butter in einer Pfanne erhitzen und Mandeln mit 1 EL Honig darin goldbraun rösten. Masse zerbröckeln. Sahne steifschlagen und Honigmischung sowie Mandeln unterheben.

Polentakroketten mit Honig

200 g Maisgrieß
1 Prise Salz
750 ml Milch
abgeriebene Schale von ½ Zitrone
150 g Honig
80 g Rosinen
1 Ei
Semmelbrösel
Fett zum Ausbacken
etwas Zimt

Maisgrieß und Salz in die kochende Milch rühren und zu einem dicken Brei verkochen. Zitronenschale, 50 g Honig und Rosinen zufügen. Ein Holzbrett anfeuchten und die Masse fingerdick aufstreichen. Nach dem Erkalten Würfel ausschneiden, diese im aufgeschlagenen Ei, dann in Semmelbröseln wenden und goldgelb ausbacken. Mit erwärmtem restlichen Honig begießen und mit Zimt überpudern.

Rum-Honig-Creme

3 Eigelb
50 g Honig
2 cl Rum
Vanillemark
⅛ l Milch
5 Blatt Gelatine
⅛ l Sahne

Eigelb mit Honig schaumig rühren. Rum, Vanillemark und Milch unterschlagen. Gelatine einweichen und auflösen. 2 EL der Milchmischung unterrühren und die Hauptmenge zufügen. Sehr gut durchrühren. Im Kühlschrank gelieren lassen. Sahne steifschlagen und zwei Drittel davon unter die Gelatinemasse heben. In Gläser füllen und mit Schlagsahne garnieren.

Tannenhonigparfait mit warmem Preiselbeerschaum

40 g Walnußkerne
2 Eier
1 Eigelb
100 g Tannenhonig
2 TL Zitronensaft
¼ l Sahne
120 g frische Preiselbeeren oder
100 g Marmelade
3 EL Puderzucker
1 Msp. Zimt
2 Eiweiß

Walnußkerne rösten und kleinhacken. Eier, 1 Eigelb und den Honig im Wasserbad schaumig schlagen. Zitronensaft, Walnüsse und zuletzt die geschlagene Sahne unterheben. In eine Kugel- oder Kastenform füllen und im Tiefkühlschrank fest werden lassen. Beeren verlesen, waschen, mit 3 EL Puderzucker und Zimt 5 Minuten erhitzen, so daß die Früchte platzen. Dann mit dem Eiweiß im Elektromixer schaumig schlagen. Heiß über das in Scheiben geschnittene Tannenhonig-Halbgefrorene gießen.

Zürcher Honigpudding

70 g fester Honig
120 g Schwarzbrotkrumen
Saft von ½ Zitrone

Honig mit Schwarzbrotkrumen, Zitronensaft, Eiern, Butter, Mehl, Milch und Chartreuse gut vermischen. Eiweiß steifschlagen und unterziehen. Eine Puddingform leicht einfetten

2 Eier
30 g zerlassene Butter
60 g Mehl
2 EL kalte Milch
1 EL Chartreuse-Likör
4 Eiweiß
Honig zum Übergießen

und den Teig hineinfüllen. Die Puddingform in einen Topf mit kochendem Wasser stellen, Pudding 30 Minuten im Backofen bei 250 Grad garen, herausnehmen, 1 Minute stehen lassen, dann stürzen. Pudding mit geschmolzenem Honig übergießen.

Nußspeise »Rosé«

125 g geriebene Walnüsse
⅛ l Schlagsahne
2 Eiweiß
1 EL Honig
1 Blatt rote Gelatine
1 Blatt weiße Gelatine
3 EL Wasser
2 EL Honig
1 EL Milch
1 Prise Salz
Schlagsahne

Walnüsse mit geschlagener Sahne, den steifgeschlagenen Eiweiß und 1 EL Honig vermischen. Gelatineblätter einweichen und in warmem Wasser auflösen, Honig sowie nicht zu kalte Milch zugeben und mit wenig Salz würzen. Alles gut vermischen, in eine Schüssel füllen und gelieren lassen. Mit Schlagsahne verzieren.

Topfen-Honig-Nuß-Creme

500 g Sahnequark
4 EL Honig
1 TL Vanillemark
½ l Milch
50 g geriebene Haselnüsse
50 g Semmelbrösel
1 EL Rum
1 EL Honig
2 EL Wein

Sahnequark durch ein Sieb streichen, Honig, Vanille und Milch gut unterrühren oder mit dem Handmixer cremig schlagen. 40 g Haselnüsse und Semmelbrösel mit Rum, Honig und Wein vermischen. Quark und Nußmasse schichtweise in Schälchen füllen und mit den übrigen geriebenen Nüssen verzieren.

Chilenischer Honigreis

250 g langkörniger Reis
1 l Milch
125 g Butter
70 g eingeweichte Rosinen
Mark von ½ Vanilleschote
5 TL Honig
gestiftelte Mandeln
Kandierte Kirschen

Reis in Milch weich kochen. Butter unterrühren. Erkalten lassen. Rosinen, Vanillemark und Honig untermischen, mit Mandeln und Kirschen garnieren und kühl servieren.

Orientalische Fruchtrollen

500 g getrocknete Früchte (Datteln, Feigen, Aprikosen, Birnen, Sultaninen und Rosinen)
200 g geriebene Walnüsse
Honig
Kokosflocken

Die getrockneten Früchte sehr fein hacken und die Walnüsse untermischen. So viel Honig unterrühren, daß ein fester Teig entsteht. Masse mit einem Gewicht beschweren und über Nacht ziehen lassen. Kleine Rollen formen, dann in Kokosflocken wälzen.

Honigbusserln

100 g geriebene süße Mandeln
25 g Zitronat
2 TL Honig

75 g Mandeln, das feingewiegte Zitronat und Honig gut vermischen, kleine Kugeln formen, in den restlichen geriebenen Mandeln wälzen und 2 Tage auf gefettetem Pergamentpapier an der Luft trocknen lassen.

Lyoner Honigpflaumen

125 g Honig
375 g geriebene Walnüsse
10 Tropfen Rosenwasser
250 g Kokosflocken
Kurbackpflaumen
Zimt oder Kakao

Honig mit Walnüssen, Rosenwasser und im Mixer zerkleinerten Kokosflocken verkneten. Walnußgroße Bällchen formen. In die Mitte je einer weichen Backpflaume geben und in Zimt oder Kakao wälzen. Nach Geschmack können die Bällchen auch in entkernte Datteln gefüllt werden.

Sesamkonfekt

50 g Haselnüsse
100 g feine Haferflocken
150 g Sesamsamen
1 TL Zimt
2 TL Rum
100 g Blütenhonig

Die Nüsse feinmahlen, mit den Haferflocken sowie den Sesamsamen mischen und in einer Pfanne unter Rühren rösten, bis alles eine goldgelbe Farbe angenommen hat. Zimt, Rum und Honig hineinarbeiten (mit dem Knethaken). Kleine Kugeln formen und 2 Tage auf leicht gefettetem Pergamentpapier an der Luft trocknen lassen.

Kuchen und Gebäck

Backwerk

Osloer Honig-Früchte-Brot

3 Eier
125 g Bienenhonig
125 g Haferflocken
1½ TL Backpulver
2 cl Rum (54 %)
125 g Trockenpflaumen
125 g getrocknete Aprikosen
250 g Rosinen
125 g Haselnüsse
60 g süße Mandeln
3 bittere Mandeln
Haferflocken

Die Eier mit Bienenhonig schaumig schlagen, Haferflocken und Backpulver einrühren. Rum zugeben. Alle Früchte feinschneiden und mit dem Teig vermischen, die Nüsse sowie die Mandeln feinhacken und ebenfalls untermischen. Die fertige Teigmasse in eine gut gefettete Kastenform füllen, die Kastenform evtl. vorher mit Haferflocken bestreuen. Im Backofen auf der mittleren Schiene bei mittlerer Hitze gut 90 Minuten backen.

Apfeltorte »Lugano«

250 g Weizenvollwertmehl
180 g Butterflöckchen
1 Prise Salz
2 Eigelb
2 EL Sahne
500 g Äpfel
⅛ l Weißwein
80 g Butter
60 g Honig
etwas Orangenschale
1 TL Zimt
Honig
125 g Puderzucker
etwas Zitronensaft

Aus Mehl, Butterflöckchen, Salz, Eigelb und Sahne einen Mürbeteig herstellen, zwei Drittel davon auf einer Tortenbackform auslegen und hellbraun anbacken. Die Äpfel schälen, Kerngehäuse ausstechen und in Scheiben schneiden. Weißwein mit Butter, Honig, Orangenschale und Zimt erwärmen, dann die Äpfel darin andünsten. Abkühlen lassen und auf den Tortenboden füllen. Mit reichlich Honig beträufeln. Mit dem restlichen Teig ein Gitter über die Torte legen und bei mittlerer Hitze backen. Puderzucker mit Zitronensaft mischen und über das Gitter streichen.

Nuß-Honig-Strudel

300 g Mehl
1 Prise Salz
8 EL Wasser
1 EL Essig
5 EL Öl

Für die Füllung:
250 g fester Honig
⅛ l süße Sahne
3 Eigelb
4 EL Rum
350 g gemahlene Haselnüsse
3 EL brauner Zucker
½ TL Zimt

Mehl zum Ausrollen
Margarine zum Einfetten
flüssige Butter zum Bestreichen
Puderzucker zum Bestäuben

Mehl auf eine Platte sieben. In die Mitte eine Mulde drücken. Salz, lauwarmes Wasser, Essig und Öl hineingeben und alles zu einem glatten, geschmeidigen Teig verkneten. Einen Topf mit kochendem Wasser ausspülen, abtrocknen, den Teig auf einen Teller legen und den Topf über den Teller stülpen. Teig darin 30 Minuten ruhen lassen. Inzwischen für die Füllung den Honig in einem Topf leicht erhitzen, aber nur so weit, daß er gerade noch streichfähig ist. Vom Herd nehmen und etwas abkühlen lassen. Sahne, Eigelb und Rum unterrühren. Haselnüsse mit Zucker und Zimt mischen. Ein großes Küchentuch dünn mit Mehl bestäuben, Teig darauf zu einem Rechteck ausrollen und danach mit den Händen hauchdünn ausziehen. Die Honigmasse daraufstreichen und die Nußmischung überstreuen. Die Längsseiten etwa 1 cm über die Füllung schlagen. Nun den Strudel von der schmaleren Seite mit Hilfe des Tuches aufrollen. Mit der offenen Kante nach unten auf ein gefettetes Backblech gleiten lassen und im Backofen auf der mittleren Schiene bei ca. 200 Grad 40 bis 45 Minuten backen. Herausnehmen und den noch heißen Strudel gleichmäßig mit warmer Butter bestreichen. Erst vor dem Servieren mit Puderzucker bestäuben.

Honig-Gesundheits-zwieback

300 g Weizenvollwertmehl
1 bis 2 EL Wasser
3 EL Milch
20 g Hefe
90 g Butter
40 g Honig
40 g Zucker
½ TL Salz
1 Ei

Mehl sieben, Wasser und Milch erwärmen und Hefe darin auflösen. Mit Butter, Honig, Zucker, etwas Salz und dem aufgeschlagenen Ei mischen, Mehl nach und nach unterrühren. Teig an einem warmen Ort auf etwa doppelte Menge aufgehen lassen. Eine Kastenform etwas ausfetten, Teig hineingeben und bei 200 Grad im Backofen backen. Nach dem Auskühlen in fingerdicke Scheiben schneiden. Die Zwiebackscheiben im Backofen hellbraun rösten.

Bienenstich

500 g Vollwertmehl
30 g Hefe
1 TL Honig
gut ¼ l Milch
165 g Butter
50 g Honig
1 Prise Salz
1 kleines Ei
Margarine zum Einfetten

Für den Belag:
200 g Butter
100 g Honig
Mark von 1 Vanilleschote
250 g blättrige Mandeln
2 EL Zitronensaft

Für die Füllung:
1 Päckchen Vanillepuddingpulver
½ l Milch
1 Prise Salz
2 EL Honig
150 g Butter

Mehl in eine Backschüssel geben, in die Mitte eine Mulde drücken. Hefe hineinbrökkeln und 1 TL Honig darüberträufeln. Handwarme Milch aufgießen, mit einem Löffel zum Vorteig verrühren und 20 Minuten gehen lassen. Mehl über den Vorteig stäuben und Butter in Flöckchen auf den Mehlrand verteilen. Honig, Salz und Ei zugeben und alle Zutaten kräftig kneten und schlagen, bis der Teig lokker und trocken ist. Backblech einfetten und Teig darauf ausrollen. Zugedeckt noch 20 Minuten gehen lassen.
Für den Belag Butter, Honig, Vanillemark, Mandeln und Zitronensaft in einem Topf verrühren. Unter Rühren erwärmen, auf den aufgegangenen Teig streichen. Im Ofen bei 200 Grad 35 Minuten backen.
Nach dem Backen den Kuchen vom Blech lösen, auskühlen lassen und in 5 bis 6 Streifen von 7 bis 8 cm Länge schneiden. Jedes Stück durchschneiden. Vanillepuddingpulver mit etwas kalter Milch anrühren und die übrige Milch mit Salz aufkochen. Vom Feuer nehmen, angerührtes Puddingpulver unter kräftigem Rühren hineingeben, noch mal erhitzen, vom Feuer nehmen und Honig unterrühren. Pudding unter gelegentlichem Rühren kalt werden lassen. Butter schaumig schlagen, Pudding löffelweise untermischen und Bienenstichstücke damit füllen. Bis zum Servieren kühl stellen.

Nürnberger Zwieback

150 g Honig
2 Eier
50 g gestiftelte Mandeln
20 g geriebene Orangenschale
20 g Zitronat
5 Gewürznelken
Zimt
140 g Weizenmehl

Honig mit Eiern gut vermischen. Mandeln, Orangenschale, gehacktes Zitronat, die zerstoßenen Gewürznelken und Zimt unterrühren, Mehl nach und nach zugeben. Den Teig 3 mm dick auf ein gut gefettetes Backblech streichen, bei mittlerer Hitze backen. Zwieback in Streifen schneiden und im abgeschalteten Ofen kurz nachtrocknen lassen, herausnehmen und erkalten lassen.

Honig-Rosinen-Apfel-Kuchen

200 g Vollwertmehl
½ Päckchen Backpulver
1 Prise Zimt
1 Prise Ingwerpulver
abgeriebene Schale von
½ unbehandelten Zitrone
300 g Butter
2 Eier
5 EL Bienenhonig
⅛ l Milch
Grieß
750 g säuerliche Äpfel
100 g Rosinen
Honig
Butter

Das Mehl mit Backpulver und den Gewürzen vermischen. Butter schaumig rühren, Eier nach und nach zugeben und Honig untermischen. Zum Schluß die Milch unterrühren. Nun dieses Gemisch nach und nach zu dem Mehl geben, dabei immer sehr gut rühren, damit die Masse glatt wird. Den Teig in eine leicht gefettete, mit Grieß ausgestäubte Form füllen und 35 Minuten bei mittlerer Hitze im Backofen backen. Mit in Scheiben geschnittenen Äpfeln und Rosinen belegen, mit etwas Honig beträufeln und mit Butterflöckchen belegen. Nochmals im Backofen ca. 35 bis 40 Minuten backen.

Florentiner Quittentorte

500 g Quitten
5 Eiweiß
5 EL Honig
250 g Weizenvollwertmehl
1 Prise Salz
125 g Butter
1 Ei
1 Eiweiß
1 EL Zucker
etwas Vanillemark

Quitten kochen und durch ein Haarsieb streichen. Eiweiß schlagen, mit Honig vermischen und unter die Quitten heben. Aus Mehl, Salz, Butter und dem Ei einen Mürbeteig herstellen und in einer Springform verteilen. Bei milder Hitze im Backofen abbacken, bis der Teig leicht angebräunt ist. Quittenmasse daraufstreichen. Eiweiß mit Zucker und Vanillemark aufschlagen, über die Torte streichen und backen, bis das Eiweiß etwas Farbe angenommen hat.

Honig-Frucht-Kuchen

2 EL Kartoffelmehl
¾ Tasse Honig
1½ Tassen Rosinen, Korinthen und Sultaninen (gemischt)
2 EL Butter
½ Tasse Wasser
1 EL abgeriebene Orangenschale
4 EL Zitronensaft
1 Prise Salz
1 Paket Blätterteig

Mehl mit etwas Wasser verrühren, Honig, Rosinen, Korinthen, Sultaninen, Butter, Wasser, Orangenschale, Zitronensaft und etwas Salz nach und nach zugeben und gut mischen. Teig bei milder Hitze gut erwärmen, bis er dicklich wird. Blätterteig etwas ausrollen, eine leicht gefettete Pastetenform damit auslegen, die Masse hineingeben und mit Blätterteig abdecken. Bei 250 Grad im Backofen 30 Minuten backen.

Honiglebkuchen »Insterburg«

500 g Honig
500 g Zucker
1½ kg gesiebtes Weizenvollwertmehl
⅛ l Kirschgeist
185 g feingehacktes Orangeat
185 g feingehacktes Zitronat
500 g geriebene Mandeln
abgeriebene Schale von 2 Zitronen
5 g Nelkengewürz
5 g Vanillemark
5 g Muskatblüte
3 EL Backpulver
Mandeln
Kandierter Ingwer

Honig mit Zucker erwärmen, bis beides zerfließt. Mehl nach und nach unterrühren. Kirschgeist, Orangeat, Zitronat, Mandeln, Zitronenschalen, Nelkengewürz, Vanillemark, Muskatblüte sowie Backpulver untermischen und den Teig kräftig durchkneten. 5 mm dick ausrollen, auf ein gefettetes Backblech legen und bei mittlerer Hitze hell backen. Den noch warmen Lebkuchen in Rechtecke schneiden und mit Mandeln und Ingwer verzieren.

Haselnuß-Honig-Kuchen

170 g Butter
4 Eier
150 g Honig
2 EL Sahne
125 g gemahlene Haselnüsse
85 g Vollwertmehl
65 g dünnflüssiger Honig
50 g geröstete Haselnüsse

Butter und Eier schaumig rühren. Honig und Sahne hineinmischen, Haselnüsse und Mehl unterziehen. Eine Kastenform (16 cm Länge) leicht einfetten, Teig hineinfüllen und 45 Minuten bei 180 Grad backen. Kuchen aus der Form lösen, auf einen Kuchendraht legen und mehrmals mit einer Gabel einstechen. Die noch warme Oberfläche mit Honig bestreichen und mit Haselnüssen garnieren.

Honigkuchen mit saurer Sahne

100 g Zucker
3 EL Honig
⅛ l saure Sahne
½ TL Backpulver
120 g Weizenvollwertmehl
1 Handvoll Rosinen

Zucker mit Honig und Sahne verrühren. Backpulver mit Mehl mischen, zugeben und gut vermischen. Zuletzt die Rosinen unterheben. Teig in eine gefettete Kastenform füllen und 35 Minuten bei mittlerer Hitze backen. Der Honigkuchen wird mit Butter bestrichen zum Frühstück gegessen.

Honigtorte »Saßnitz«

200 g Weizenvollwertmehl
150 g Butter
80 g Honig
1 Tasse Rosinen
1 Tasse Zitronen- oder Orangenschale
1 EL brauner Zucker
2 EL Milch
2 EL Butter
½ TL Zimt
250 g Puderzucker
etwas Zitronensaft
Wasser
Pistazien und kandierte Früchte zum Garnieren

Mehl mit Butter und Honig gut verrühren. Teig in zwei Teile teilen, eine Hälfte in einer leicht gefetteten Springform ausrollen. Rosinen, geriebene Zitronen- oder Orangenschale, braunen Zucker, Milch, aufgelöste Butter und Zimt gut vermischen. Masse auf den Teig streichen. Zweite Teighälfte ausrollen und darüberlegen. Torte im Backofen bei 200 Grad 30 Minuten backen. Mit einer Glasur aus Puderzucker, etwas Zitronensaft und Wasser vermischt bestreichen, mit geblätterten Pistazien und kandierten Früchten verzieren.

Kleingebäck

Nougatpyramiden

200 g Honig
300 g Mehl
Zimt
1 Nelke
1 Prise Muskatnuß
abgeriebene Schale von ½ Zitrone
50 g Nougat
2 EL Arrak
4 g Hirschhornsalz
Margarine

Honig im Wasserbad zerlaufen und etwas abkühlen lassen. Mehl, Zimt, die zerstoßene Nelke, etwas Muskatnuß, Zitronenschale und den zerbröckelten Nougat untermischen. Zuletzt das in Arrak aufgelöste Hirschhornsalz darunterarbeiten. Teig 5 mm dick ausrollen, in Dreiecke schneiden und auf einem gefetteten Blech bei mittlerer Hitze ausbacken.

Honig-Nuß-Kipferl

200 g Mehl
15 g Hefe
1 Prise Salz
etwas Wasser
2 EL Öl
150 g geriebene Hasel- und Walnüsse
4 EL Honig
50 g Biskuitbrösel
etwas Milch
1 Ei

Mehl sieben, Hefe mit Salz in etwas Wasser sowie dem Öl auflösen und Mehl gut untermischen. Den Teig dünn ausrollen und etwas gehen lassen. Nüsse mit Honig, Biskuitbrösel und etwas Milch erwärmen, aber nicht kochen. Erkalten lassen und auf den Hefeteig streichen. Nach Belieben kleine oder große Kipferln formen und mit dem verquirlten Ei bestreichen. Bei milder Hitze backen.

Basler Leckerli

1 kg Honig
500 g Naturzucker
500 g gehackte Mandeln
100 g feingehacktes Zitronat
100 g feingehacktes Orangeat
40 bis 50 g Zimt
2 TL Nelkenpulver
abgeriebene Schale von je
1 Zitrone und Orange
1 TL Macisblüte
30 g Kirschwasser
1250 g gesiebtes
Weizenvollwertmehl
250 g Puderzucker
etwas Wasser

Honig aufkochen und Zucker darin auflösen. Vom Feuer nehmen und weiterrühren, bis die Masse lauwarm ist. Unter weiterem Rühren Mandeln, Zitronat, Orangeat, Zimt, Nelkenpulver, Zitronen- und Orangenschale, Macisblüte und Kirschwasser zugeben und gut vermischen. Dann nach und nach das gesiebte, nicht zu kalte Mehl unterrühren. Den Teig kräftig durcharbeiten und 24 Stunden an einem warmen Ort ziehen lassen. Am nächsten Tag nochmals kräftig durchkneten, 3 mm dick ausrollen und in spielkartengroße längliche Vierecke schneiden. Diese eng nebeneinander auf ein gut gefettetes, bemehltes Backblech legen und bei 200 Grad im Backofen 20 bis 25 Minuten backen. Die Lekkerli auf dem Blech einmal durchschneiden, sofort mit Zuckerguß aus Puderzucker und Wasser bestreichen und zum Abtrocknen wieder in den abgeschalteten Ofen geben. Nach völligem Erkalten auseinanderbrechen.

Mohnbeugel

500 g Weizenvollwertmehl
Salz
200 g Butter
25 g Hefe
1 EL Zucker
75 ml Milch
6 Eier
3 EL Schlagsahne
½ l Milch
250 g gemahlener Mohn
150 g Honig
2 Gewürznelken
etwas Zimt
abgeriebene Schale von ½ Zitrone
1 Ei
Puderzucker

Weizenmehl mit etwas Salz vermischt auf ein Brett sieben. Butter darauf verteilen, Hefe mit Zucker und Milch anrühren, über das Mehl gießen, Eier und Sahne darübergeben und alles zu einem glatten Teig verarbeiten. An einem warmen Ort aufgehen lassen. Milch erwärmen und Mohn einrühren. Honig, die zerstoßenen Gewürznelken, etwas Zimt und die Zitronenschale zugeben. Aufkochen lassen. Den Teig 3 mm dick ausrollen und in Vierecke schneiden. Die abgekühlte Mohnmasse auf den Teig streichen, zusammenrollen und mit dem aufgeschlagenen Ei bepinseln. Im Ofen bei 250 Grad backen und die noch heißen Mohnbeugel mit Puderzucker bestreuen.

Florentiner Schnitten

50 g Zitronat
50 g Orangeat
100 g Weinbeeren
1 EL Rum (54 %)
50 g Walnüsse
50 g Pistazienkerne
130 g Butter
200 g Honig
1 Prise Salz
3 Eier
1 Prise Muskat
1 Prise Kardamom
1 TL Zimt
250 g Weizenvollwertmehl
4 Backoblaten
Schokoladenglasur

Zitronat, Orangeat und Weinbeeren grobhakken und mit Rum vermischen. Walnüsse und Pistazienkerne ebenfalls grobhacken. Butter, Honig und Salz schaumig rühren, die Eier unterheben und Gewürze sowie Mehl beifügen. Die Oblaten auf ein Backblech legen, den Teig etwa 1 cm dick aufstreichen. Bei 200 Grad im Backofen etwa 20 Minuten backen. Auskühlen lassen, in 5 cm lange Stücke schneiden und mit Schokoladenglasur bestreichen.

Wiener Nonnenkrapfeln

70 g Honig
2 trockene Brötchen
60 g Mandeln
1 TL Zimt
3 Gewürznelken
abgeriebene Schale von je
1 Orange und Zitrone
250 g Weizenvollwertmehl
200 g Honig
3 Eigelb
¼ l süße Sahne
1 Ei

Die 70 g Honig erwärmen, feingeriebene Brötchen, geriebene Mandeln, Zimt, zerstoßene Gewürznelken und Zitronen- sowie Orangenschale zugeben und gut vermischen. Nach dem Erkalten haselnußgroße Kugeln formen.

Aus Weizenmehl, 200 g Honig, Eigelb und Sahne einen nicht zu dicken Teig bereiten. Messerrückendick ausrollen und zur Hälfte mit den Kugeln belegen. Ei aufschlagen und um die Kugeln streichen. Die zweite Teighälfte darüberlegen, um die Nußkugeln andrücken und mit einem Teigrädchen ausradeln. Auf einem leicht gefetteten Blech bei mittlerer Hitze blaß ausbacken.

Maurische Küsse

25 Biskuits oder Makronen
¼ l Milch
2 Eier
etwas Butter
5 EL Honig
5 EL feingehackte Mandeln
Kandierte Kirschen oder Pistazien

Biskuits oder Makronen in Milch einweichen. Eier schaumig schlagen und Biskuits darin wälzen. In einer Pfanne mit der Butter auf beiden Seiten goldbraun backen. Honig erhitzen und Mandeln unterrühren. Die gebakkenen Biskuits mit dieser Paste bestreichen. Mit kandierten Kirschen oder Pistazien verzieren.

Honigplätzchen mit Schokoladenglasur

1 kg Honig
250 g Butter
1 kg Weizenvollwertmehl
4 g Nelken
4 g Kardamom
abgeriebene Schale von
1 unbehandelten Zitrone
200 g süße Mandeln mit Schale
30 g gereinigte Pottasche
50 g Zitronat
Schokoladenglasur

Honig und Butter unter Rühren erhitzen, Topf vom Feuer nehmen, Mehl, Gewürze und die grobgehackten Mandeln unterrühren. Den Teig abkühlen lassen und die Pottasche gut untermischen. Teig über Nacht ruhen lassen. Dann den Teig fingerdick ausrollen, mit Formen oder Rädchen kleine Plätzchen anfertigen, diese mit übriggelassenen Mandeln und Zitronat garnieren und gelbbraun backen. Mit Schokoladenglasur bestreichen.

Hamburger Honigplatten

200 g Honig
300 g Weizenvollwertmehl
½ Päckchen Lebkuchengewürz
125 g gehacktes Orangeat
50 g geriebene Schokolade
3 g Hirschhornsalz
5 g Pottasche
Honig zum Bestreichen
Cashewkerne

Honig leicht erwärmen, Mehl sieben und nach und nach unterrühren. Mit Lebkuchengewürz, Orangeat, Schokolade, Hirschhornsalz sowie der aufgelösten Pottasche würzen und alles gut durchkneten. Den Teig fingerdick ausrollen und in Rechtecke schneiden. Mit Honig bestreichen und mit je 1 Cashewkern belegen. 1 Nacht ruhen lassen, dann bei ca. 200 Grad im Backofen backen.

Straubinger Leckerli

500 g geriebene Mandeln
400 g Honig
100 g geriebene Schokolade
6 bis 8 EL Wasser
1 Eiweiß
Puderzucker

Mandeln in einem Topf leicht anrösten. Honig, geriebene Schokolade sowie Wasser zugeben und rühren, bis sich die Masse vom Topf löst. Abkühlen lassen. Die Masse fingerdick ausrollen und in beliebigen Formen ausstechen, dann mit Eiweiß bestreichen. Bei mittlerer Hitze im Backofen kurz ausbacken, herausnehmen und mit Puderzucker bestäuben.

Sach- und Heilpflanzenregister

Rezeptregister